Heidenknörzel

Ziegelhausen

Schlierbach

4

3

Königstuhl

Auerhahnenkopf

W0068074

km   0,5   1

ARNDT SPIETH

Kreuz und quer durch Heidelberg

ARNDT SPIETH

Kreuz und quer durch
HEIDELBERG
Paradiesische Spaziergänge

Arndt Spieth, Jahrgang 1962,
studierte in Tübingen und
Durham Diplom-Geographie
mit Botanik und Geologie. Er
lebt und arbeitet als freier Autor
in Tübingen. Für seine Bücher
fotografiert er auch selbst – mit
Hingabe und Begeisterung.

1. Auflage 2013

© 2013 by Silberburg-Verlag GmbH,
Schönbuchstraße 48, D-72074 Tübingen.
Alle Rechte vorbehalten.
Lektorat: Kohler Media, Eggenstein.
Umschlaggestaltung:
Christoph Wöhler, Tübingen,
unter Verwendung eines Fotos
von Peter Sandbiller.
Alle Bilder im Innenteil: Arndt Spieth.
Die Stiche auf Seite 7 und Seite 138
stammen aus dem Archiv des
Silberburg-Verlags.
Kartengrundlage: Amtlicher Stadtplan
1 : 15 000 © Stadt Heidelberg,
Vermessungsamt.
Vorderes Vorsatzpapier: Übersichtskarte
© OpenStreetMap-Mitwirkende,
bearbeitet durch den Verlag.
Hinteres Vorsatzpapier: Liniennetzplan
© Rhein-Neckar-Verkehr GmbH.
Druck: Laub GmbH & Co KG,
Elztal-Dallau.
Printed in Germany.

ISBN 978-3-8425-1260-3

Besuchen Sie uns im Internet
und entdecken Sie die Vielfalt
unseres Verlagsprogramms:
www.silberburg.de

www.laub.de

drucken & binden

Inhalt

Heidelberg entdecken

Wer Amerikaner, Australier oder Asiaten nach deutschen Städten befragt, wird wahrscheinlich sehr schnell den Namen Heidelberg zu hören bekommen. Obwohl Heidelberg eher zu den kleineren Städten Deutschlands gehört, gilt es doch weltweit als etwas ganz Besonderes. Das einmalige Ensemble von Altstadt und Fluss, idyllisch eingebettet zwischen den Ausläufern des Odenwalds und der alles überragenden Schlossruine, faszinierte bereits die Dichter und Maler der Romantik und zieht jedes Jahr Millionen Besucher aus aller Welt in seinen Bann. So schwärmte Goethe von einer »idealen landschaftlichen Lage«, Hölderlin nennt sie »der Vaterlandsstädte ländlichschönste«, für Joseph Freiherr von Eichendorff hat sie Vollkommenheit, »als gäbe es nichts Gemeines auf der Welt«, und Mark Twain schwärmte gar von der »äußersten Steigerung der Schönheit«. Wer heute durch die Altstadt schlendert, der wähnt sich auf den ersten Blick in einer eher jungen, vom Barock geprägten Stadt. Dabei blickt die Stadt der ältesten Universität Deutschlands auf eine über 800-jährige, sehr bewegte

■ **Heidelberg auf einem Stich von Matthäus Merian aus dem Jahre 1645.**

Geschichte zurück, die von strahlenden Zeiten, aber auch tiefem Fall geprägt ist. Neben einer bezaubernden Altstadt und Schlossruine hat Heidelberg viele weitere Glanzpunkte zu bieten: Prachtvolle gründerzeitliche Wohnquartiere wie die Weststadt und charmante historische Stadtteile wie Neuenheim oder Handschuhsheim schmiegen sich harmonisch an die Berghänge, und herrliche Wanderwege wie der Philosophenweg lassen die Stadt in ihrer ganzen Schönheit erstrahlen. Das moderne Heidelberg besticht durch zukunftsweisende Wissenschaft und Forschung, ist ein entwicklungsstarker Wirtschaftsstandort und der lebendige Mittelpunkt der modernen Metropolregion Rhein-Neckar. Weltoffenheit und Internationalität kennzeichnen die baden-württembergische Stadt am Neckar, die intensive Städtepartnerschaften in aller Welt pflegt.

Alt-Heidelberg, du feine,
Du Stadt an Ehren reich,
Am Neckar und am Rheine
Kein' andre kommt dir gleich
Joseph Victor von Scheffel

KURZE STADTGESCHICHTE

Heidelberg ist und war schon immer eine Stadt der Extreme und Gegensätze: Tagtäglich ziehen unglaublich viele junge Menschen durch die alten gepflasterten Gassen und vergnügen sich in den zahlreichen Kneipen und Treffpunkten der ältesten Universitätsstadt Deutschlands. Der Inbegriff deutscher Romantik ist erfüllt vom quirlig-bunten Leben der Besuchermassen aus aller Welt. Das heute so beschaulich und gleichzeitig so jugendlich daherkommende Heidelberg ist ein exzentrisches Pflaster, das immer wieder extreme Höhen und Tiefen erlebt hat: Phasen politischer Macht, kulturellen und geistigen Glanzes sowie technischer und architektonischer Höhenflüge wechselten sich ab mit extremen Einbrüchen durch kriegerische Zerstörungen oder politische und konfessionelle Umwälzungen ab. Die Spuren dieser wechselvollen Geschichte sind überall sichtbar, und das Paradoxe daran ist, dass gerade sie den besonderen Flair der weltbekannten Neckarstadt ausmachen.

VON DER FRÜHZEIT BIS ZUR GRÜNDUNG DER KURPFÄLZISCHEN RESIDENZ

Die Besiedlung der Region um Heidelberg beginnt schon sehr früh. So finden Archäologen Anfang des 20. Jahrhunderts im südöstlich der Stadt gelegenen Dorf Mauer den 600 000 Jahre alten Unterkiefer des »Homo heidelbergensis«. Dieser war ein Urahn des Neandertalers und ist einer der ältesten Urmenschenfunde überhaupt in Europa.

■ **Ruinen aus grauer Vorzeit: das Michaelskloster.**

Während der Keltenzeit treten von circa 500 bis 300 v. Chr. Angehörige des Volksstamms der Helvetier in Erscheinung. Sie gründen auf dem Heiligenberg eine größere befestigte Siedlung, deren doppelter Ringwall immer noch zwischen den alten Eichen und Buchen erkennbar ist. Im ersten Jahrhundert v. Chr. dringen von Norden her die zum Stamm der Alamannen gehörenden Sueben in das fruchtbare untere Neckarland vor, aber nachdem die Helvetier 58 v. Chr. in der Schlacht bei Bibracte von den Römern unter Julius Cäsar geschlagen werden, bleibt die Oberrheinebene für längere Zeit fast menschenleer. Erst Kaiser Tiberius (14–37 n. Chr.) mischt die Würfel neu, indem er

versucht, seine eroberten Gebiete zu sichern und auszubauen. Um die wilde Gegend an der damaligen Grenze zu Germanien zu festigen, kommt ihm ein listiger Schachzug in den Sinn: Die Germanen selbst sollen es richten. Deshalb erlaubt er verbündeten Germanen vom Stamm der Neckarsueben, ihre Hütten an der Neckarmündung zu bauen. Fortan treffen die gänzlich ungezähmten Horden aus dem Stammland Germaniens zuerst auf sesshaft gewordene Landsleute und Freunde der Römer. Unter Kaiser Vespasian (69–79 n. Chr.) wird die Grenze weiter nach Osten verschoben. Zwischen dem ersten und dem dritten Jahrhundert ziehen Scharen von römischen Händlern, Solda-

■ **Das Klingentor im Bereich des früheren Burgweilers.**

ten sowie römische und germanische Bewohner mit ihren Sklaven östlich der heutigen Keplerstraße in den Stadtteil Neuenheim und queren auf einer durch zwei Kastelle gesicherten Brücke den Neckar. Die hölzerne Brücke wird ab 200 n. Chr. durch eine Steinpfeilerbrücke ersetzt. In der dazugehörigen Siedlung befinden sich auch zwei römische Kohorten, die von Türmen auf dem Heiligenberg aus bewacht werden. Dort bauen gläubige Römer einen dem Gott Merkur geweihten Tempel, und auch der Mithras-Kult ist im unteren Neckartal verbreitet. Hauptort der Römer wird Lopodunum, das heutige Ladenburg, aber auch um das

Militärlager in Heidelberg entwickelt sich eine zivile Infrastruktur. Im 3. Jahrhundert überwinden alamannische Krieger den Limes und schlagen die Römer in die Flucht. Im Jahr 506 werden die Alamannen wiederum besiegt, und zwar vom Merowingerkönig Chlodwig I. Nun gehört der Heidelberger Raum zum Frankenland, und das Christentum wird Staatsreligion. In der Folgezeit wird das Kloster Lorsch wichtiges Machtzentrum und gründet 870 auf dem Heiligenberg, an Stelle des alten Mercuriustempels, ein erstes Filialkloster. Wie viele Sakralbauten an vormals heidnischen Plätzen wird es dem Erzengel Michael geweiht, der nach der christlichen Lehre auch der Bezwinger des Teufels ist.

Zwei Jahrhunderte später entsteht in der Nachbarschaft als weiteres Kloster das Stephanskloster, und im Jahr 1130 wird am Fuße des Berges das Stift Neuburg errichtet. Im 9. Jahrhundert werden die Dörfer und heutigen Heidelberger Stadtteile Rohrbach, Wieblingen, Kirchheim und Bergheim urkundlich im Lorscher Kodex erwähnt. 1196 taucht erstmals der Name »Heidelberch« in einer alten Handschrift auf. Der Name bezeichnet ursprünglich die Burg und wird erst später auf die Stadt übertragen. Nicht sicher geklärt ist, ob diese erste Burg ein Vorgängerbau des heutigen Heidelberger Schlosses auf dem Jettenbühl ist oder eine Festung im Bereich der heutigen Molkenkur. Unterhalb der Anlage liegt ein kleiner Burgweiler bei der Peterskirche, dem ältesten christlichen Gotteshaus Heidelbergs. Vermutlich ab 1220 wird die Stadt um den östlichen Teil der heutigen Altstadt planmäßig in einem rechtwinkligen Grundriss mit dem Marktplatz im Zentrum angelegt, der so bis heute erhalten geblieben ist. Heidelberg ist nun von einer Stadtmauer umgeben und mindestens ab 1284 wieder durch eine Brücke mit dem Nordufer verbunden. Hauptkirche ist die Peterskirche, die jedoch mit dem umgebenden alten Burgweiler bis ins 18. Jahrhundert außerhalb der Stadtgrenze liegt.

Schon 1156 hatte Kaiser Friedrich I. Barbarossa seinen Halbbruder Konrad den Staufer zum Pfalzgrafen bei Rhein ernannt. Diese Grafschaft wurde von den Wittelsbachern regiert und entwickelte sich bald zu einem größeren Territorialgebiet im Heiligen Römischen Reich. 1225 bekommt der Pfalzgraf bei Rhein die Stadt Heidelberg, die zu dieser Zeit in Wormser Besitz ist, als Lehen, und in der Goldenen Bulle wird 1356 den Pfalzgrafen bei Rhein die Kurwürde verliehen. Ab da sind sie die Kurfürsten von der Pfalz und ihr Herrschaftsgebiet ist die Kurpfalz. Sie haben anfänglich keine feste Residenz, sondern halten sich an unterschiedlichen Orten in ihrem Herrschaftsgebiet auf. Heidelberg entwickelt sich jedoch schon im 13. Jahrhundert immer mehr zur Residenzstadt, und als man im 14. Jahrhundert die Reiseherrschaft aufgibt, wird sie zur Hauptstadt der Kurpfalz.

UNIVERSITÄTSGRÜNDUNG, REFORMATION UND AUSBAU DER RESIDENZ

Ab da geht es rasant aufwärts mit der Neckarstadt. Im Jahr 1386 wird die Universität Heidelberg als dritte Hochschule im Heiligen Römischen Reich (nach Prag und Wien) unter Ruprecht I. gegründet und ist damit die älteste Universität in Deutschland. 1392 wird das Stadtgebiet nahezu verdoppelt und entspricht in etwa der Ausdehnung der heutigen Altstadt. Zugleich werden die seit dem 13. Jahrhundert in der Stadt ansässigen Juden aus Heidelberg vertrieben und ihre Synagoge in eine Marienkapelle umgewandelt. Von der Herrschaft Ruprechts des Dritten, der im Jahr 1400 zum römisch-deutschen König gewählt wird, profitiert Heidelberg durch den Bau wichtiger Bauwerke wie der Heiliggeistkirche als Grablege der Pfälzer Kurfürsten oder des Ruprechtsbaus, den ältesten, als Ruine erhaltenen Teil des Schlosses.

Ruprechts Nachfolger verwandeln die Heidelberger Universität Ende des 15. Jahrhunderts zu einer Hochburg des Renaissance-Humanismus. In der Kurpfalz wird von 1556 bis 1559 unter Ottheinrich die Reformation eingeführt. Nach dem Übertritt Heidelbergs zum Calvinismus zieht die Universität Studenten und Wissenschaftler aus ganz Westeuropa an und wird, was ihre Bedeutung betrifft, mit Genf verglichen. 1563 erscheint der Heidelberger Katechismus und 1572 die erste deutsche Gesamtübersetzung der Institutio Christianae Religionis, das Hauptwerk von Johannes Calvin. Gegen Ende des Jahrhunderts werden in Heidelberg eine Vielzahl prächtiger Renaissancebauten errichtet, und das Schloss wird von der mittelalterlichen Burg zur neuzeitlichen Residenz umgebaut.

■ **Wie Phönix aus der Asche: der Friedrichsbau.**

Von 1610 bis 1623 lässt dann Kurfürst Friedrich V. das Heidelberger Schloss durch die Anlage des gewaltigen Schlossgartens Hortus Palatinus umgestalten, um seiner Gattin, einer englischen Königstochter, ein standesgemäßes Hofleben bieten zu können.

NIEDERGANG DURCH ZERSTÖRUNG UND VERLUST DER KURPFÄLZISCHEN RESIDENZ

Im Jahr 1622 erobert die Katholische Liga unter Johann t'Serclaes Tilly als Heerführer Heidelberg und erbeutet die berühmte Bibliotheca Palatina, die mit ihren zahlreichen Handschriften und Drucken im Mittelalter als die »Mutter aller Bibliotheken« gilt. Das Diebesgut, dem zur Gewichtsminderung die Einbände abgerissen werden, wird von Herzog Maximilian I. von Bayern an Papst Gregor XV. verschenkt. Heidelberg wird vom Krieg schwer getroffen.

Im Westfälischen Frieden, der 1648 den Dreißigjährigen Krieg beendet, wird die Kurpfalz zwar wiederhergestellt, büßt aber stark an politischem Gewicht ein. Neues Unheil für Heidelberg bahnt sich an, als Kurfürst Karl II. 1685 kinderlos verstirbt und damit die Linie Pfalz-Simmern des Hauses Wittelsbach erlischt. Die Kurfürstenwürde geht nun auf die katholische Nebenlinie Pfalz-Neuburg

■ **Stummer Zeuge der großen Zerstörung: der geborstene Schlossturm.**

über. Nun wittert der französische »Sonnenkönig« Ludwig XIV., der schon seit längerem damit beschäftigt ist, Frankreich nach Osten hin auszudehnen, Morgenluft. Er stellt Erbansprüche, die er mit Verweis auf seine Schwägerin Elisabeth Charlotte (besser bekannt als Liselotte von der Pfalz) begründet. Im Verlaufe dieses sogenannten Pfälzischen Erbfolgekriegs wird Heidelberg zweimal, 1688 und 1693, von französischen Truppen unter der Führung von Ezéchiel de Mélac eingenommen und dabei mitsamt dem Schloss bis auf wenige Gebäude in Schutt und Asche gelegt. Viele Heidelberger, denen die Flucht in die umliegenden Wälder nicht gelingt, verlieren ihr Leben.

■ **Ein Symbol für die kämpferische Gegenreformation: der Marienbrunnen.**

WIEDERAUFBAU UND GEGENREFORMATION

Nach der Beendigung des Pfälzischen Erbfolgekriegs im Jahr 1697 wird die Stadt auf dem mittelalterlichen Grundriss im Stil des Barock wieder aufgebaut, und die inzwischen wieder katholisch gewordenen Kurfürsten treiben in der Stadt mit Hilfe von Jesuiten die Gegenreformation voran. Viele reformierte und lutherische Kirchengebäude werden durch den Einbau von Trennmauern in von Katholiken mitbenutzte Simultankirchen umgewandelt.

Das Schloss ist fortan nicht mehr bewohnbar, da es nach dem Krieg nicht wieder aufgebaut wurde. 1720 kommt es für Heidelberg zum endgültigen Verlust der Residenz, als sich Karl III. Philipp nach einem Streit mit den Heidelberger Protestanten entschließt, das Machtzentrum nach Mannheim zu verlegen. Erst unter Kurfürst Karl Theodor (1743–1799) wird durch die Planung und Umsetzung von neuen Bauwerken wie der Alten Brücke wieder ein leichter Aufschwung spürbar.

BADISCHE ZEIT

1803 wird die Kurpfalz aufgelöst und die rechtsrheinischen Gebiete, mit ihnen auch Heidelberg, werden dem nun zum Großherzogtum erhobenen Baden zugeschlagen. Der badische Großherzog Karl Friedrich (1771–1811), ein Anhänger der Aufklärung, wandelt die Universität in eine staatlich finanzierte Lehranstalt um und verhilft ihr zum Wiederaufstieg zu einer renommierten Bildungsstätte. 1816 kehren die deutschsprachigen Handschriften der Bibliotheca Palatina nach Heidelberg zurück, alle anderen geraubten Dokumente verbleiben im Vatikan. Angesichts der vergangenen Katastrophen war es wohl ein Glück, dass sie nach Rom verschleppt worden waren, so konnten sie der Zerstörung entgehen. Zu Beginn des 19. Jahrhunderts wird die Neckarstadt aufgrund ihrer reizvollen Lage und der malerischen Schlossruine zu einem Zentrum der deutschen Romantik und zieht Dichter wie Friedrich Hölderlin, Ludwig Achim von Arnim, Clemens Brentano und Joseph von Eichendorff in ihren Bann. Arnim und Brentano veröffentlichen zwischen 1806 und 1808 in Heidelberg unter dem Titel »Des Knaben Wunderhorn« eine Sammlung deutscher Volkslieder, und auch in Malerkreisen entsteht in Heidelberg ein Künstlerzirkel um Carl Philipp Fohr, Karl Rottmann und Ernst Fries.

Ich habe hier Stunden erlebt, wie ich sie unter dem schönsten Himmel meines Lebens gefunden, besonders die Wasserfahrt, das Studentenvivat, und gestrige Gesänge (...) Jean Paul

1840 wird die badische Eisenbahnlinie Neckartal-Heidelberg-Mannheim eröffnet. Während des Vormärzes werden an der Heidelberger Universität nationale, liberale und demokratische Ideen verbreitet. Nach Beginn der Märzrevolution versammeln sich am 5. März 1848 liberale und demokratische Politiker aus Südwestdeutschland zur Heidelberger Versammlung, die maßgebliche Impulse zum Vorparlament und somit zur Konstituierung der Frankfurter Nationalversammlung setzt.

1860 entwickeln Robert Wilhelm Bunsen und Gustav Robert Kirchhoff in Heidelberg die Spektroskopie, und 1861 werden in der Weststadt die ersten Baugruben für gehobene Mehrfamilienhäuser und Villen ausgehoben. 1862 gewährt man in Baden die Gewerbefreiheit, und mit der Gründung des Deutschen Reiches im Jahr 1871 wird dieser positive wirtschaftliche Effekt noch um ein Vielfaches verstärkt.

Am 4.2.1871 erblickt in Heidelberg der kleine Friedrich als siebentes von neun Kindern des Schneidermeisters Karl Ebert in ärmlichen Verhältnissen das Licht der Welt. Knapp 50 Jahre später wird er zum ersten Reichspräsidenten der neuen Weimarer Republik gewählt werden.

Die Industrialisierung geht an der Neckarstadt ohne größere Spuren vorbei, wohingegen sich der

Tourismus früh zu einem wichtigen Wirtschaftsfaktor entwickelt. Besonders prägend sind die Präsenz der Universität und die zahlreichen Studenten, von denen viele einer Studentenverbindung angehören. Gedichte und Studentenlieder wie »Alt-Heidelberg, du feine« machen Heidelberg zu einem Inbegriff der deutschen Studentenherrlichkeit. 1895 promoviert Katharina Windscheid als erste Frau an der Heidelberger Universität und ist damit auch die erste weibliche »Dr. phil.«, die in Deutschland eine Dissertation vorgelegt hat. In der Gründerzeit erlebt die Stadt eine rasante Expansion, und die Einwohnerzahl erhöht sich von 20 000 im Jahr 1871 auf 85 000 im Jahr 1933. Außerhalb der Altstadt entstehen teilweise prächtige gründerzeitliche Wohngebiete. Im selben Zeitraum wird auch die Infrastruktur mit der Einführung der Straßenbahn und der Bergbahn sowie der Kanalisierung des Neckars ausgebaut. 1930 ermöglichen Spenden von wohlhabenden US-Bürgern den Bau des Hörsaalgebäudes der Neuen Universität am Universitätsplatz.

NATIONALSOZIALISMUS UND ZWEITER WELTKRIEG

Bei der Reichstagswahl am 5. März 1933 liegt das Heidelberger Wahlergebnis der NSDAP mit 45,8 % etwas über dem Durchschnitt des Ergebnisses im Deutschen Reich und in Baden. Schon im April 1933 werden alle »nichtarischen« Beamten zwangsbeurlaubt, und in den nächsten Jahren verliert die Universität mehr als ein Drittel ihres Lehrkörpers aus rassistischen oder politischen Gründen. 1934 beginnt der Reichsarbeitsdienst mit dem Bau der Thingstätte (siehe Seite 139) auf dem Heiligenberg und dem Ehrenfriedhof auf dem Ameisenbuckel (siehe Seite 130).

Im Jahr 1935 wird die Autobahn Frankfurt-Mannheim-Heidelberg eröffnet. Am Abend des 9. November 1938 stecken die Nationalsozialisten alle Synagogen der Stadt in Brand, und der von ihnen aufgehetzte Mob plündert jüdische Geschäfte. Am folgenden Tag werden 150 jüdische Heidelberger in das Konzentrationslager Dachau verschleppt. 1940 kommt es zur Deportation der 282 noch in der Stadt lebenden jüdischen Bürger ins südfranzösische Internierungslager Gurs. Im Gegensatz zu den Folgen früherer Kriege bleibt Heidelberg im Zweiten Weltkrieg als eine der wenigen deutschen Großstädte von Zerstörungen verschont. 1943 wird Silvia Sommerlath, die spätere schwedische Königin, in Heidelberg geboren. Sie wächst in der Südstadt auf. Am 30. März 1945 nehmen die amerikanischen Truppen der 3. US-Infanteriedivision der 7. US-Armee die Stadt ohne nennenswerten Widerstand ein.

■ **Die Thingstätte auf dem Heiligenberg.**

NACH DEM ZWEITEN WELTKRIEG

1955 wird der neue Hauptbahnhof durch Bundespräsident Theodor Heuss eingeweiht, 1962 die Pädagogische Hochschule gegründet und das erste Universitätsgebäude im Neuenheimer Feld errichtet. 1967/68 formiert sich auch in Heidelberg eine Studentenbewegung, die mit vielfältigen Protestaktionen Stadt und Universität in Aufruhr versetzt. Die terroristische Vereinigung RAF (Rote Armee Fraktion) verübt in den 1970er und 1980er Jahren zwei Terroranschläge auf amerikanische Einrichtungen in Heidelberg. 1978 wird die umstrittene Altstadtsanierung mit großer

Fußgängerzone ohne Straßenbahnen unter Oberbürgermeister Reinhold Zundel fertiggestellt. 1990 wird mit Beate Weber (SPD) erstmals eine Frau Oberbürgermeisterin in einer südwestdeutschen Stadt. 2010 gibt der Kommandeur der US Army Garrison Baden-Württemberg, Colonel Butcher, bekannt, dass ab 2014 die US-Einheiten in Heidelberg abgezogen und damit auch die US-Wohnstandorte Patrick-Henry-Village und Mark-Twain-Village aufgelöst werden. Das Mark-Twain-Village soll nach Willen der Stadt zu einem zivilen Stadtteil umgewandelt werden. Für das Patrick-Henry-Village existieren noch keine konkreten Pläne.

TOUR 1 BAROCKPALÄSTE, MADONNEN UND STUDENTENBUDEN

Spaziergang durch die Altstadt

Tourenbeginn und -ende:
Bismarckplatz

Straßenbahnhaltestelle Bismarck-platz: *Linien 5, 21, 22, 23, 26*

Tourenlänge: *circa 3 Kilometer*

Höhenunterschiede: –

Einkehrmöglichkeiten:
Gastronomie in der Altstadt

Wir beginnen diese Tour am belebten **Bismarckplatz**, der sich in den letzten Jahrzehnten zu einem quirligen Hauptknotenpunkt der Straßenbahnen entwickelt hat. Ein nicht enden wollender Strom an Menschen bewegt sich hier tagsüber zwischen den Tramhaltestellen, der Altstadt und den großen Warenhäusern, die den Platz seit den 1970er Jahren optisch dominieren. Einstmals lagen hier Boote an der Stadtmauer im sogenannten Winterhafen vor Anker. Da die

Bucht für die immer größer werdenden Schiffe bald zu klein war, kippte man sie mit Erde zu und benannte den neu entstandenen zentralen Platz am 1.4.1875 nach dem damaligen Reichspräsidenten, der an diesem Tag seinen 60. Geburtstag feierte. Zwischen dem munteren Treiben der Einkaufs- und Vergnügungssuchenden ragt die 1985 aufgestellte Brunnenplastik des Bildhauer-Ehepaars Matschinsky-Denninghoff als Teil des *Dulger-Brunnens* eigenwillig in die Höhe. Ein idealer Standort, denn das als »Spaghettisäule« bekannte Kunstwerk ist ein nicht zu übersehender Ort für Verabredungen.

Wir verlassen den lebhaften Platz, spazieren die **Sofienstraße** kurz in südliche Richtung und folgen dann der **Plöck** stadteinwärts. Die während der Semesterzeiten fleißig mit Fahrrädern befahrene Seitenstraße führt uns direkt in das innerstädtische Studentenviertel. Zahlreiche kleine Läden, Studen-

■ »Spaghettisäule« am Bismarckplatz.

tenkneipen, Imbisse sowie kirchliche und universitäre Einrichtungen liegen an der charmanten Bummelmeile, die auch nicht mit Sehenswürdigkeiten geizt. Nach circa 200 Metern erscheint auf der rechten Seite die Kirche *St. Anna* mit dem alten Hospital. Das in der ersten Hälfte des 18. Jahrhunderts entstandene imposante Barockensemble ist ein Werk von Theodor Satori und Johann Adam Breunig. 1749 wurde der Hospitalkirche, vermutlich durch Franz Wilhelm Rabaliatti, eine Fassade mit reich verzierten korinthischen Kapitellen auf Piastern vorgeblendet, um einen dem neuen Zeitgeschmack entsprechenden Kuppelraum vorzutäuschen. Ursprünglich handelte

es sich hier um ein Armen- und Krankenhaus aller christlichen Konfessionen; über dem östlich sich anschließenden Hoftor sieht man auf einem Schlussstein noch einen Bettler mit Krückstock und die Inschrift »Elende Herberge 1735« abgebildet.

Ab 1741 war dieses Spital allein den Katholiken vorbehalten, Lutheraner und Reformierte mussten ihre eigenen Einrichtungen bauen. Schräg gegenüber befand sich in Hausnummer 35 die »orthodoxe Synagoge«, die am Abend des 9. November 1938 verwüstet wurde. Die zweite Synagoge in der Mantelgasse wurde völlig zerstört. Dies war der tragische Auftakt für die systematische Deportation von

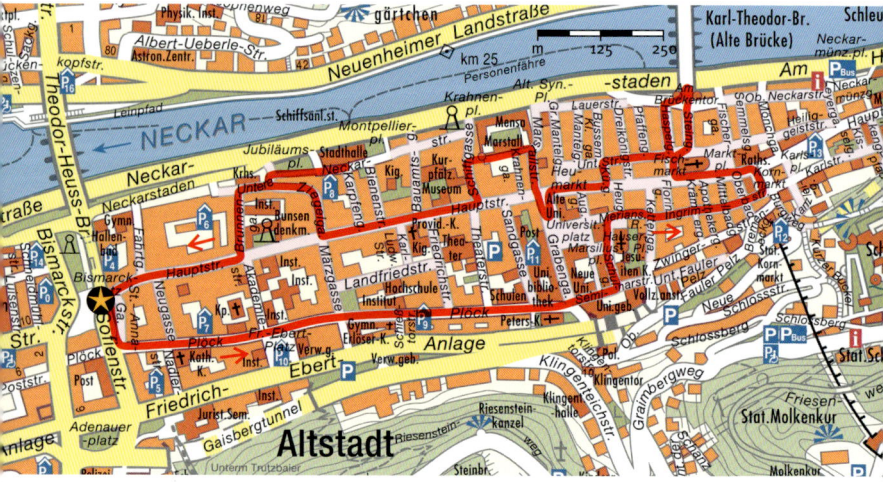

150 jüdischen Heidelberger Bürgern in das Konzentrationslager Dachau. Etwa zwei Jahre später, am 22. Oktober 1940, fand die sogenannte »Wagner-Bürckel-Aktion« statt, bei der 282 Heidelberger Juden in das Internierungslager Camp de Gurs deportiert wurden, wo die meisten ihr Leben verloren.

Wir gehen weiter und erreichen an der Ecke zur Akademiestraße das ehemalige *Chemische Laboratorium* (Nr. 55), den bedeutenden Wirkungsort von Professor Robert Bunsen, in dem er zusammen mit Gustav Kirchhoff die Spektralanalyse chemischer Elemente entwickelte. Es galt bei seinem Bau 1854 als eines der modernsten seiner Art. Gleich daneben (Nr. 57a) entstanden 1892 der heutige *Viktor-Meyer-Bau* mit dem ehemaligen

Institut für Organische Medizin und um 1900 der *Theodor-Curtis-Bau* (Nr. 61a) für die Mediziner. Diese Gebäude bilden einen würdevollen Abschluss des sich nach Süden hin öffnenden Friedrich-Ebert-Platzes mit seinen imposanten gründerzeitlichen Stadthäusern. Auf der im Gegensatz zur engen Plöck großstädtisch erscheinenden Anlage finden regelmäßige Markttage statt.

Wir spazieren die heimelige und gleichzeitig quirlig-bunte Plöck weiter und kommen nach wenigen Schritten an der *Erlöserkirche* vorüber, der ehemaligen Klosterkirche der Dominikanerinnen. Das heute von Altkatholiken und Anglikanern genutzte Gotteshaus von 1724 wurde nach der Aufhebung des sogenannten Weißnonnenklosters

1803 immer wieder umgebaut und zeitweise als Schulraum zweckentfremdet. Erhalten blieb jedoch das alte Kirchengestühl sowie die Grabplatte der Klostergründerin.

Wenig später erreichen wir die auf einem leicht erhöhten Platz zwischen Bäumen stehende *Peterskirche*.

Peterskirche

Bei der auf den ersten Blick wenig auffälligen Kirche handelt es sich um das älteste erhaltene Gotteshaus in der Altstadt, dessen Anfänge im 12. Jahrhundert vermutet werden. Bis 1400 war sie die zentrale Heidelberger Pfarrkirche, in der beispielsweise 1396 der Universitätsgründer Marsilius von Inghen bestattet wurde. Die 1485 bis 1496 erweiterte und neu ausgebaute Kirche, die 1896 offiziell zur Universitätskirche ernannt wurde, präsentiert sich heute von außen und innen als spätgotischer Bau. Der Schein trügt etwas, denn bei der Zerstörung Heidelbergs brannte auch die Peterskirche aus und wurde, vor allem im Inneren, so wie die ganze Stadt im damals populären Barockstil wieder aufgebaut. Ausgelöst durch die Romantik verliebten sich spätere Generationen wieder in die kunstvollen Steinmetzarbeiten der Gotik und Romanik, und 1864 bis 1870 erfolgte schließlich der neugotische Umbau durch die Kirchenbaumeister Ludwig Franck-Marperger und Hermann Behaghel.

■ **Die Peterskirche.**

Die Architekten verwandelten den Innenraum wieder in eine dreischiffige Hallenkirche mit Kreuzrippengewölben und setzten dem Kirchturm seinen spitzen Helm auf, wie er im 17. Jahrhundert auf Matthäus Merians Kupferstich abgebildet war. Eindrucksvoll sind im Inneren vor allem die fast 150 Grabmale von Universitätsprofessoren und Hofleuten, darunter das der 1555 in Heidelberg verstorbenen ersten humanistischen Gelehrten und italienischen Dichterin Olympia Fulvia Morata, sowie die modernen Glasfenster von Johannes Schreiter. Der weithin bekannte Glasbildner und Künstler hat in den letzten Jahren in der nördlichen Seitenkapelle das Friedensfenster und in der südlichen Universitätskapelle drei Fenster zu den Themen »Begegnung«, »Auferstehung« und »Vertreibung« geschaffen und damit einen Bezug zur wechselvollen Heidelberger Universitätsgeschichte geschaffen. In der nördlichen Seitenkapelle, heute ein besonderer Gebets- und Meditationsraum, fand im März 2008 eine moderne Christusskulptur der koreanischen Künstlerin Lee Choon-Mann einen würdigen Platz.

■ **Meisterwerk des Jugendstils: kunstvolle Details am Gebäude der Universitätsbibliothek.**

■ **Ungewöhnliches Ensemble: Hexenturm und Neue Universität.**

Schräg unterhalb des Gotteshauses erwartet uns gleich ein weiteres architektonisches Highlight. Zwischen 1901 und 1905 errichtete Josef Durm an der Stelle eines früheren Schwarznonnenklosters die prachtvolle *Universitätsbibliothek*. Die luxuriös, fast protzig verzierte Sandsteinfassade der vierflügeligen Anlage mit Eckturm, Erker und üppig gestalteten Bekrönungen sollte Selbstbewusstsein und Überlegenheit der Universität demonstrieren. Eine Meisterleistung des Jugendstils sind das Eingangsportal sowie das Treppenhaus. Nicht nur das Gebäude ist einzigartig, die Bibliothek zählt mit ihren zweieinhalb Millionen Bänden zu den bedeutendsten Bibliotheken der Welt, und die *Bibliotheca Pala-tina* im ersten Stock glänzt mit einer der wertvollsten Sammlungen deutscher Handschriften aus Mittelalter und Renaissance. Die seit dem 17. Jahrhundert im Vatikan gelagerten sonstigen Schriften und Drucke, die bis 1622 hier gesammelt wurden, können als Kopien eingesehen werden. Ein Besuch der Sammlung ist für Interessierte unbedingt zu empfehlen.

Wir queren nun die Graben-straße und schlendern weiter durch die **Seminarstraße**. An der nächsten Möglichkeit, einem tagsüber offenen schmiedeeisernen Tor, biegen wir kurz nach links in den Innenhof der *Neuen Universität*. Hier stoßen wir ganz unvermittelt auf den zwischen der wesentlich jüngeren Bebauung und einem modernen

■ **Seminarium Carolinum.**

Kunstwerk auf dem Vorplatz fast archaisch wirkenden *Hexenturm*. Er war bis 1392 Teil der südlichen Stadtmauer und ist der letzte erhalten gebliebene Stadtturm. Seinen Namen bekam er, als er vorübergehend in ein Frauengefängnis umgewandelt wurde. Nach der Zerstörung seines gotischen Spitzdaches im Pfälzischen Erbfolgekrieg wurde ihm das bis heute erhaltene barocke Walmdach aufgesetzt.

Im 20. Jahrhundert integrierte man das Relikt aus alten Tagen in den Universitätsneubau und richtete darin eine Gedenkstätte für die im Ersten Weltkrieg gefallenen Studenten, Beamten und Dozenten der Universität ein.

Wir gehen wieder zurück zur Seminarstraße und sehen gleich gegenüber die nächste Sehenswürdigkeit: In einem lauschigen Park hinter einer Mauer mit schmiedeeisernem Barocktor thront wie ein feudales Refugium das *Seminarium Carolinum* oberhalb des ehemaligen Jesuitenviertels.

Heute sieht man dem prächtigen Bau seine wechselvolle Geschichte nicht mehr an: Das letzte Repräsentationsobjekt der Heidelberger Jesuiten entstand zwischen 1750 und 1753 als dreiflügelige schlossartige Anlage und diente zunächst als Wohn- und Unterrichtsgebäude des Ordens. Nach der Ordensauflösung wurde es »Irrenanstalt«, Krankenhaus, Kaserne und nach dem Zweiten Weltkrieg schließlich zum Collegium Academicum, einem weitgehend selbstverwalteten Studentenwohnheim, das die demokratische Umerziehung der deutschen Jugend voranbringen sollte. Es gab hier unterschiedlichste Arbeitsgemeinschaften, Vortragsreihen und eine fast legendäre Theaterbühne. Ab den 1960er Jahren wurde das »C.A.« zum brodelnden Zentrum der Heidelberger Studenten- und Protestbewegung, bis es 1978 nach Senatsbeschluss von der Polizei geräumt wurde. Seither befindet sich hier die Universitätsverwaltung.

Jesuiten in Heidelberg

Die ersten Jesuiten kamen schon während des Dreißigjährigen Krieges nach Heidelberg. Die Bezeichnung Jesuiten für die umstrittenen Kämpfer für die katholische Sache wurde zunächst als Spottname gebraucht, später aber vom Orden selbst übernommen. Sie fassten hier jedoch erst ab 1698 Fuß, nachdem die reformierte Linie Pfalz-Simmern von der katholischen Linie Pfalz-Neuburg abgelöst wurde und der neue Kurfürst Karl III. Philipp sie zur Rekatholisierung von Stadt und Kurpfalz rief. Der zweifelhafte Einfluss der Jesuiten wuchs rasch an und während der Blütezeit des Ordens lebten hier fast 100 Jesuitenpatres, die sich hauptsächlich in der Universität, dem Schuldienst und in der Seelsorge betätigten. Die Schwarzröcke waren für ihre rigiden Erziehungsmethoden bekannt. So händigten sie schlechten Schülern »Denkzettel« aus, die sie ständig bei sich tragen mussten: Da diese immer wieder neue Züchtigungen zur Folge hatten, entwickelte sich daraus die negativ gefärbte Redewendung »einen Denkzettel verpassen«. Der Orden hatte zeitweise sieben Professuren an der zuvor evangelisch-reformierten Universität inne, um den Einfluss der katholischen Kirche auch dort zu festigen. 1773 kam das abrupte Ende, als der auch in der katholischen Welt umstrittene Orden auf Druck der absolutistischen Herrscher vom Papst für längere Zeit aufgelöst wurde.

Wir folgen der Seminarstraße Richtung Schloss und biegen nach ein paar Schritten in die leicht abwärts führende **Schulgasse** ein.

Rechter Hand steht das 1848 erbaute *Amtsgericht* mit Stilelementen der Romanik und der italienischen Renaissance, das damit erste Ten-

■ **Kleinode: Hauseingänge in der Altstadt.**

Das dem heiligen Ignatius und Heiligen Geist geweihte Gotteshaus ist eine der größten und wichtigsten, für manche auch schönsten Kirchen Heidelbergs. Das helle Kirchenschiff entstand von 1712 bis 1759 im Stil des Barock, während der neobarocke Turm erst in der zweiten Hälfte des 19. Jahrhunderts angefügt wurde. Die Kirche hat eine Besonderheit, denn sie ist nicht, wie sonst üblich, mit dem Altar nach Osten, sondern nach Süden ausgerichtet. Die Baumeister mussten sich hier an die örtlichen Gegebenheiten in der Altstadt anpassen. Ende des 19. Jahrhunderts wurde das Innere nach dem Geschmack des Historismus völlig umgestaltet. Die barocke Ausstattung wurde verhökert, der Farbanstrich und Stuck auf den Sandsteinsäulen entfernt und die Decke dunkel gestrichen. Erst seit 1954 erstrahlt sie ganz in Weiß, und bei der Renovierung 2001 bis 2004 erhielt sie neue Fenster und Bänke sowie einen komplett neu gestalteten Altarraum. Neben der Kirche befindet sich seit 1986 ein kleines Museum für sakrale Kunst und Liturgie.

denzen zum aufkommenden Historismus erahnen lässt. Gegenüber das *ehemalige Jesuitengymnasium*, um 1715 als barocke »Schola Inferiores« mit Klassenzimmern und Theatersaal erbaut. Es beherbergt heute das Philosophische und Slawistische Seminar der Universität.

Nach einer kurzen Strecke erreichen wir den **Marsiliusplatz** mit der **Merianstraße**. Wir sind nun im Herzen des ehemaligen jesuitischen Machtzentrums mit der *Jesuitenkirche* und dem auf der Ostseite angegliederten *Jesuitenkolleg* angelangt.

Der Bau der Kollegiengebäude begann um 1703, zog sich dann aber viele Jahre hin und wurde erst 1732 mit der Fertigstellung des im 19. Jahrhundert wieder abgerissenen Südflügels abgeschlossen. Nach Auflösung des Ordens teilte es das

Schicksal des benachbarten Seminarium Carolinum, und es folgten im Laufe der Jahrhunderte unterschiedlichste Nutzungen. Heute haben hier das Anglistische Seminar der Universität und das katholische Pfarrhaus der Heilig-Geist-Gemeinde ihr Domizil. Der schöne Innenhof kann über den Eingang an der Kreuzung Kettengasse/Zwingerstraße betreten werden.

An der Kreuzung der **Schulgasse** mit der Merianstraße steht an der linken Ecke ein hübsches Barockgebäude von 1718, das ursprünglich dem Universitätsbuchhändler Lörinck gehörte (Schulgasse 2). Die Madonnenfigur an der Ecke mit der Darstellung »Maria zum Siege«, bei der sie gemeinsam mit dem Christuskind das Böse mittels einer Kreuzfahne ersticht, beweist die Verbundenheit des Bauherrn mit dem Gedankengut der Jesuiten, wobei dahingestellt sei, ob hier mit dem »Bösen« in Form des Teufels der Protestantismus gemeint war.

Im Erdgeschoss des von Sigismund Zeller erbauten Hauses befanden sich vermutlich offene

■ **Jesuitenkirche und Jesuitenviertel.**

Eckarkaden für die damalige Buchhandlung.

Wir gehen nun auf dem Platz in östliche Richtung weiter und kommen über die **Merian**- und **Ingrimstraße** durch ein beschauliches Altstadtquartier, in das sich trotz der hübschen Häuser und Winkel in der Regel nur wenige Touristen verirren. Die Namen der querenden Oberbad- und Mittelbadgasse erzählen noch heute von der mittelalterlichen Badekultur in der Stadt. Viele Eingänge haben aufwändig

■ **Kampfbereite Madonna zur Unterstützung der Gegenreformation.**

gearbeitete Originaltüren aus der Barockzeit oder dem Klassizismus, wie beispielweise die 1731 gefertigte Holztüre von Haus Nr. 38.

Die alte Gasse mündet schließlich in den historischen **Kornmarkt**, über den wir, in nördliche Richtung gehend, das barocke Rathaus der Stadt erreichen. Mitten auf dem Platz thront Maria mit dem Jesuskind auf einer mächtigen Brunnensäule. Der kleine Knabe tötet mit einer Kreuzeslanze die Schlange zu ihren Füßen. Die eingemeißelte Inschrift lautet: »Noch Stein, noch Bild, noch Säulen hier, das Kind und Mutter ehren wir«. Bei diesem 1718 im Auftrag von Karl III. Philipp im Zuge der Gegenreformation aufgestellten Brunnenbildnis von Pieter van den Branden handelte es sich um eine ganz unverhohlene Provokation gegenüber den Protestanten, und die Nähe zum Rathaus symbolisiert, welche Macht die katholische Kirche inzwischen wieder gewonnen hatte.

Direkt am Platz steht das *Palais Graimberg* (Nummer 5). Der französische Graf Louis Charles F. de Graimberg setzte sich seit seiner Ankunft in Heidelberg im Jahre 1810 intensiv für den Erhalt der romantischen Schlossruine ein; er gilt als Retter des Schlosses und eigentlicher Gründer des Kurpfälzischen Museums. 1839 erwarb er das zentral gelegene Palais, um hier in einer frühen PR-Aktion mit Präsentationen und Verkauf von Stichen und

■ **Kornmarkt mit Palais Graimberg.**

Grafiken der Schlossruine für deren Erhalt zu werben. Darüber hinaus legte er eine Kuriositätensammlung mit Fundstücken aus dem Schloss an und legte damit das Fundament für das heutige Kurpfälzische Museum. Auch seine Frau Maria Gräfin Graimberg-Bellau blieb nicht untätig und gründete eine der ersten katholischen sozialen Frauenschulen Deutschlands. Die nördliche Seite des Platzes wird von der neobarocken Fassade des *Rathauses* abgeschlossen.

Das Rathaus

Der jetzige Rathausbau stammt in Teilen aus den Jahren 1701 bis 1703, wurde aber immer wieder umgebaut und erweitert. Der barocke Kernbau ist noch am heutigen Mittelteil der Marktplatzfassade zu erkennen und wurde Ende des 19. Jahrhunderts durch den Nordflügel erweitert. Dort befindet sich im zweiten Obergeschoss der Große Rathaussaal im Stil der Neorenaissance mit Bilderzyklen des Historienmalers Wilhelm Lin-

---

■ **Griechischer Dauergast: Herkulesbrunnen von 1705.**

denschmit. Die bunten Glasfenster mit Bildern zur kurpfälzischen Geschichte stammen von Karl Hoffacker. Nach einem Brand im Jahr 1908 entstand der neobarocke Anbau auf der Südseite, und 1961 wurde auf der Ostseite ein moderner Erweiterungsbau angefügt.

Wir halten uns vor dem stattlichen Rathausgebäude links und gelangen so auf den herrlichen, immer belebten **Marktplatz** mit der Heiliggeist-

kirche und dem *Herkulesbrunnen*. Die meisten Gebäude um den Platz sind im heiteren Barockstil gebaut und stammen aus der Wiederaufbauphase nach der Stadtzerstörung im Pfälzischen Erbfolgekrieg. Im Sommer reiht sich um Herkules ein Tisch neben dem anderen, und die Besucher aus aller Welt genießen »la dolce vita«.

Wir gehen nun links an der Stadtkirche und zahllosen Souvenirshops an der Außenmauer vorbei und kommen an dem prachtvollen Barockbau der Anfang des 18. Jahrhunderts erbauten *Hofapotheke* (Nr. 190) vorüber, die hier schon seit dem 15. Jahrhundert nachweisbar ist.

Gleich dahinter fällt ein Gebäude neben der Heiliggeistkirche aus dem sonst so barocken Rahmen: das 1592 bis 1595 von dem hugenottischen Tuchhändler Carolus Belier im prachtvollen Stil der Renaissance errichtete *Haus zum Ritter St. Georg*. Es hat auf wundersame Weise als einziges Bürgerhaus alle Zerstörungen der Stadt überstanden.

Haus zum Ritter St. Georg und Victor Hugo

Als der französische Dichter Victor Hugo 1838 Heidelberg besuchte, war er trotz seiner Affinität zu Ruinen vom erhaltenen Renaissancebau fasziniert, weil er alle Katastrophen überstanden hatte. Zudem besitzt das Haus mehrere Inschriften, die Hugo sehr inspirierten. Er schreibt voller Begeisterung (und spart dabei nicht an Kritik an den Taten seiner Landsleute): »Morgens gehe ich los und zuerst (…), um meinem Geist ein Frühstück zu gewähren, am Haus zum Ritter Sankt Georg vorbei. Es ist wirklich ein hinreißendes Gebäude. (…) Als der Poet, der dieses Haus gebaut hat, mit der Errichtung fertig war, hat er in goldenen Buchstaben in die Mitte der Frontseite folgende Inschrift angebracht: ›Praestat invicta Venus‹ (Anmerk.: Bleibe stets unbesiegt, Schönheit). Das war 1595. Fünfundzwanzig Jahre später, 1620, begann mit der Schlacht am Weißen Berg bei Prag der Dreißigjährige Krieg, der sich bis zum Westfälischen Frieden im Jahre 1648 hinzog. Während dieser langen Ilias, deren Achilles Gustav-Adolf war, wurde Heidelberg viermal belagert, eingenommen, zurückerobert, zweimal beschossen und schließlich 1635 niedergebrannt.

■ **Prachtvolle Renaissancefassade: das Haus Ritter.**

Ein einziges Haus entging dieser Feuersbrunst: das von 1595. (…) Und 1689 legte ein Mann, dessen Name heute in Heidelberg als Kinderschreck dient, Generalleutnant Melac, Offizier der Armeen des Königs von Frankreich, die pfälzische Stadt in Schutt und Asche, so dass nur ein Trümmerhaufen übrigblieb. Ein einziges Haus überstand die Verwüstung: das von 1595. (…) Vier Jahre später, 1693, kehrten die Franzosen zurück; die Soldaten Ludwigs XIV. schändeten in Speyer die Kaisergräber und in Heidelberg die Grabstätten der Pfalzgrafen. Der Marschall von Lorges ließ Feuer an die vier Ecken der kurpfälzischen Residenz legen; die Feuersbrunst war entsetzlich, ganz Heidelberg brannte. Als der Wirbel von Feuer und Qualm, der die Stadt einhüllte, langsam abzog, sah man ein Haus, ein einziges stehendes Haus in diesem Haufen Asche. Es war erneut, es war wie immer das Haus von 1595.« (Zitiert aus Victor Hugo: »Heidelberg«).

Der Bauherr Carolus Belier ließ sich übrigens in der üppig verzierten Sandsteinfassade im rechten Brüstungsfeld des 2. Obergeschosses mit seiner Gattin Franziska abbilden, darunter sieht man seine Kinder. Schräg gegenüber des heutigen Hotels und Gastronomiebetriebes steht der den Marktplatz dominierende Bau der evangelischen *Heiliggeistkirche*.

Heiliggeistkirche

Die bereits 1239 als Pfarrkirche erwähnte Heiliggeistkirche wurde von 1398 bis 1441/1515 in Verbindung mit der neu gegründeten Universität als repräsentatives Gotteshaus der kurpfälzischen Residenzstadt errichtet und war gleichzeitig Grablege der Kurfürsten von der Pfalz. So diente das Gebäude anfänglich neben Gottesdiensten auch als **Lehrraum** der Universität. Auf den Emporen der dreischiffigen Hallenkirche befand sich die Bibliothek.

Die ursprünglich reiche spätgotische Ausstattung mit zahlreichen Altären und Bildern wurde bei zwei Bilderstürmen zerstört, und noch schlimmeres Unheil erlebte die Kirche während des Pfälzischen Erbfolgekriegs, als am 22. Mai 1693 französische Truppen eine große Menschenmenge in die Heiliggeistkirche trieben und die Kirche anschließend in Brand steckten. Erst als schon Deckenteile und Glocken herabstürzten, öffnete man auf Drängen des jungen reformierten Pfarrers Johann Daniel Schmidtmann eine Tür und so konnten zahlreiche Menschen gerettet werden. Von der alten Ausstattung blieben lediglich einige Wandmalereien sowie die Grabplatte des Kurfürsten Ruprecht III. und seiner Gemahlin Elisabeth von Hohenzollern erhalten. Beim Wiederaufbau wurde dem Kirchenschiff samt Turm ein barockes Dach verpasst,

■ **Die Heiliggeistkirche innen mit Blick in das Kirchenschiff.**

das bis heute ihr Aussehen prägt. Das seit der Reformation protestantische Gotteshaus wurde im Zuge der Gegenreformation nun auch wieder von Katholiken genutzt, was zu ständigen Zwistigkeiten führte. Als 1698 das sogenannte Simultaneum, das Recht, im Land sowohl den evangelischen als auch den katholischen Glauben auszuüben, den gleichzeitigen Gottesdienst beider Konfessionen erlaubte, musste zwischen Chor und Langhaus eine Trennwand eingezogen werden, die erst 1936 entfernt wurde, als die Kirche endgültig evangelisch wurde. Eine Besonderheit sind heute die modernen, ungewöhnlichen Glasfenster. Alle mittelalterlichen

Kirchenfenster waren beim Brand 1693 zerstört worden, und die späteren Fenster wurden nach dem Zweiten Weltkrieg nach und nach ersetzt. Das westlichste Glasfenster, das »Physik-Fenster« im südlichen Seitenschiff, stammt von Johannes Schreiter und wurde 1984 eingebaut. Ursprünglich hatte der international bekannte Glaskünstler eine ganze Serie von Fenstern für die Heiliggeistkirche entworfen, doch nach einem heftigen Zwist wegen der von einigen Kirchengemeinderäten als zu progressiv empfundenen Bilderzyklen wurde ihm hier, anders als in der Peterskirche, der Einbau von weiteren Fenstern untersagt. Das Physik-

---

oder Hiroshima-Fenster gehörte zu einer Fensterreihe, die die Beziehung der modernen Welt und der Wissenschaften zum Glauben reflektieren sollte. In das rote Fensterbildnis wurde unter anderem die berühmte Einsteinsche Gleichung $E=mc^2$ und das Datum des Atombombenabwurfs auf Hiroshima eingearbeitet. Die fünf Fenster im Nordseitenschiff von 1999 bis 2001 stammen von der in Berlin lebenden Glasmalerin Hella Santarossa

und verbildlichen das Wirken des für die Kirche namensgebenden Heiligen Geistes. Das Glasfenster über der Westempore ist ein 1967 geschaffenes Werk des Künstlers Gottfried von Stockhausen und zeigt das Lamm auf dem Buch mit den sieben Siegeln aus der Johannesoffenbarung.

Tipp: Bevor man die Kirche verlässt, sieht man linker Hand den Aufstieg zum Turm. Wer gegen eine kleine Gebühr die steilen Treppen erklimmt, dem bietet sich von oben ein herrlicher Rundblick über die ganze Altstadt und das untere Neckartal mit den imposanten Ausläufern des Odenwalds.

Wir verlassen nun die Kirche, gehen leicht bergab und halten uns auf dem **Fischmarkt**, dessen Luft früher von den feilgebotenen Neckarfischen geschwängert war, kurz rechts. Direkt unterhalb des Gotteshauses steht das 1698 auf den Grundmauern zweier zerstörter Häuser wiederaufgebaute Wohnhaus Nr. 5–6, bei dem man sich noch nicht am neu aufgekommenen Barockstil orientierte. Um die Grundfläche des alten Erdgeschosses zu vergrößern, wurden die oberen Stockwerke jeweils überschoben, wodurch der Eindruck eines mittelalterlichen Fachwerkbaus entsteht. Nach wenigen Schritten gelangen wir nach links in die **Steingasse**, das touristische Herzstück von »Good old Heidelberg«.

■ **Das Physik-Fenster in der Heiliggeistkirche.**

■ **Die Welt ist zu Gast auf dem Marktplatz.**

Mit den schönen Hausfassaden, dem doppeltürmigen *Brückentor* und der *Alten Brücke* haben wir einen der schönsten Teile der Stadt betreten, der aber an den meisten Tagen von den vielen Touristen förmlich überschwemmt wird. Bars, Kneipen und Cafés reihen sich wie Perlenschnüre entlang der lebhaften Flaniermeile. Ein lauschiger Innenhof – der öffentlich zugänglich ist – mit Resten einer gotischen Kapelle hat sich hinter Haus Nummer 9 erhalten. Man folgt dem Hinweisschild zur Keramikstube und ist plötzlich fernab von jeglichem Trubel.

Brückentor und Brückenaffe

Das malerische Brückentor stammt im Kern noch aus dem Mittelalter. Es diente der Sicherung der Stadt in Richtung Norden, wo seit dem 13. Jahrhundert durch den Bau von Holzbrücken ein wichtiger Handelsweg geschaffen worden war. Da hier der Brückenzoll eingetrieben wurde, war das Tor zugleich wichtige Einnahmequelle für den Stadtsäckel. Im östlichen Turm befand sich das Wächterhaus mit einer kleinen Wohnung, und der westliche »Schuldturm« wurde als Gefängnis mit drei niedrigen Kerkerräumen genutzt. Die Toranlage

■ Das Brückentor.

wurde 1709/11 barockisiert, und beim Bau der jetzigen Alten Brücke im Jahr 1788 setzten die Baumeister den beiden 28 Meter hohen Türmen ihre heutigen spätbarocken Hauben auf.

Das Brückentor ist noch aus einem weiteren Grund bekannt: Auf einem heute nicht mehr vorhandenen Turm, der neben der Brücke stand, befand sich ab dem frühen 17. Jahrhundert das Relief eines Affen, der sich ans Hinterteil fasste und gleichzeitig in einen Spiegel schaute. Martin Zeiller dichtete dazu 1632 in seinem Werk »Itinerarium Germaniae«:

Was thustu mich hie angaffen? Hastu nicht gesehen den alten Af- *fen / Zu Heydelberg / sich dich hin unnd her / Da findestu wol meines gleichen mehr.* (Hochdeutsch: Was tust du mich hier angaffen? Hast du nicht gesehen den alten Affen zu Heidelberg / sieh hin und her / da findest du wohl meinesgleichen mehr.)

Bei der Zerstörung der Stadt wurde auch der Affenturm mitsamt dem Brückenaffen vernichtet. Südlich des Brückentors ist die 1979 von Gernot Rumpf geschaffene Bronzeskulptur eines Affen mit dem Spottgedicht angebracht. Sie greift das Motiv der Selbstreflexion auf, indem sie dem Betrachter einen symbolisch zu betrachtenden bronzenen Spiegel vorhält. Zwei kleine Mausfiguren erinnern an das kurfürstliche Kornhaus, das sich ehemals an dieser Stelle neben dem Brückentor befand. Der Kopf des Affen ist innen hohl, so dass man den eigenen Kopf hineinstecken kann – ein bei Touristen beliebtes Fotomotiv.

Geht man durch das Brückentor hindurch, so gelangt man auf die weltberühmte *Karl-Theodor-Brücke*, allgemein auch als *Alte Brücke* bekannt. Sie wurde unter Kurfürst Karl Theodor als insgesamt neunte Neckarbrücke und erste Steinbrücke an dieser Stelle errichtet. Das Bauwerk hat eine Länge von 200 m und besteht aus neun Tonnengewölben. Der zweite und der siebte der acht Pfeiler sind verbreitert; sie tragen die Standbilder Karl Theodors und der Minerva. Die mittleren Brückenjoche sind deutlich erhöht, was der Brücke eine geschwungene Silhouette verleiht und dafür sorgt, dass im Falle von Eisschollen oder Hochwasser die Wassermassen besser abfließen können. Die einmalige Lage zwischen Altstadt und den Hängen der Odenwaldberge machten die Brücke zu allen Zeiten zu einem beliebten Motiv für Maler oder Fotografen und inspirierte zahlreiche Dichter. Am 26. August 1797 schreibt Johann Wolfgang von

■ **Beliebte Attraktion: Brückenaffe.**

Goethe in sein Tagebuch: »Die Brücke zeigt sich von hier aus in einer Schönheit, wie vielleicht keine Brücke der Welt. Durch die Bogen sieht man den Neckar nach den flachen Rheingegenden fließen und über ihr die lichtblauen Gebirge jenseits des Rheins in der Ferne (…)«. Als am 29. März 1945 Teile der Brücke von der deutschen Wehrmacht in einer sinnlosen Aktion auf ihrem Rückzug gesprengt wurden, war man sich schnell einig, dass ein rascher Wiederaufbau erfolgen musste, und bereits am 26. Juli 1947 fand die feierliche Wiedereinweihung satt.

Wir gehen wieder durch das Brückentor zurück und folgen der Straße **Am Brückentor** kurz nach rechts in die hübsche **Haspelgasse**, durch die wir weiterschlendern.

Das barocke Haus Nummer 12 mit schmuckem Eingangsportal wurde von Alessandro Galli da Bibiena 1735 für den Münzwart Anton Cajeth gebaut. Nach wenigen Schritten kommen wir an die Kreuzung mit der Unteren Straße. Am linken Eckgebäude (Fischmarkt 4) steht das stattliche *Haus Traitteur*, das der Baumeister der Geistlichen Administration Johann Andrea Traitteur 1778 zu seinem Wohnhaus umbauen ließ. Auch hier wurde eine Madonna zum Siege an der Gebäudeecke angebracht, wodurch sich Traitteur als Sympathi-

■ **Zauberhaft schön: die Alte Brücke.**

■ **Farbenfrohe Partymeile: Untere Straße.**

sant der Jesuiten outete. Allerdings ist seine Madonna deutlich weniger militant und streckt sogar gütig ihre Hand zu den vorbeiströmenden Menschenmassen aus.

Wir halten uns rechts und kommen durch einen weiteren schönen, nicht ganz so überlaufenen Teil der Heidelberger Altstadt mit gemütlichen Kneipen, Cafés, kleinen Läden und Galerien. Die **Untere Straße** ist ein bisschen wie Dr. Jekyll und Mr. Hyde: Tagsüber scheint sie ein heimeliges Gässchen zu sein, nachts verwandelt sie sich regelmäßig in eine feuchtfröhliche Kneipenmeile.

Hübsche, nicht ganz so große Barockbauten mit kunstvollen Ein-

gangsportalen, wie das ehemalige Wohn- und Geschäftshaus der Kaufherrenfamilie Wilckenhausen an der Kreuzung zur Dreikönigstraße (Nummer 21), säumen den Weg. In der seitlich einmündenden Pfaffengasse (Nummer 18) befindet sich die Friedrich-Ebert-Gedenkstätte des ersten demokratisch gewählten deutschen Reichspräsidenten, der hier 1871 in einer 48 Quadratmeter großen Wohnung als siebtes von neun Kindern eines Schneidermeisters geboren wurde und 17 Jahre seines Lebens in diesem Haus verbrachte. Der Eintritt ist frei und sehr zu empfehlen (siehe Infoteil).

■ **Große Mantelgasse mit Alter Universität.**

Das prachtvollste Gebäude in der Straße ist das *Palais Rischer* (Nummer 11) von 1711, in dem sich im 19. Jahrhundert auch der Universitätsfechtboden   befand. Ein paar Schritte weiter, am Haus Nummer 1 erinnert eine Tafel an das fürchterliche Hochwasser vom 27.02.1784, bei dem die gesamte untere Altstadt überflutet wurde. Nach einem durch mehrere Vulkanausbrüche ausgelösten extrem strengen und schneereichen Winter setzte heftiges Tauwetter ein, wobei meterhoch aufgetürmte Eisschollen an den Pfeilern der Neckarbrücke den Abfluss der Schmelzwassermassen blockierten. Die gewaltigen Zerstörungen dieses in Mitteleuropa als »Jahrtausendhochwasser« in die Geschichte eingegangenen Ereignisses hatten für Heidelberg aber den positiven Effekt, dass zwei Jahre später mit dem Bau der steinernen Karl-Theodor-Brücke begonnen wurde.

Eine geruhsame Oase im Häusergewirr der Altstadt ist der kleine **Heumarkt** am Ende der »Unteren Gass«, auf dem früher neben Heu auch Schweine und Rinder erstanden werden konnten. In der Mitte des Platzes steht der 1980 nach einem Entwurf von Stefan Engel geschaffene *Sume-Brunnen*, der den Kindern der Altstadt gewidmet ist. Früher nannte man hier die Kinder Sume (Samen), wie es auch heute noch in der schwäbisch-alemannischen Fastnacht Brauch ist (Narrensamen).

Wir spazieren die **Große Mantelgasse** links hoch und stoßen am Neumarkt wieder auf den großen Touristenstrom auf der Hauptstraße. Gegenüber befindet sich der um 1900 im Stil der Neorenaissance erbaute Verwaltungsbau – in dem früher die Oberrheinische Bank ihren Sitz hatte – mit dem Gleichstellungsbüro der Universität und dahinter, mit Türmchen, die *Alte Universität*, erbaut zwischen 1712 und 1735. Um die Macht der ka-

tholischen Kirche auch an der Universität sichtbar zu demonstrieren, wurde am linken Eckhaus wieder eine Madonna zum Siege und, gegenüber, eine Bischofsfigur angebracht. Unbedingt sehenswert ist die 1886 im Stil der Neorenaissance umgestaltete Alte Aula sowie der Studentenkarzer im ehemaligen Pedellenhaus auf der rückwärtigen Seite (siehe Infoteil).

Alte Aula, Universitätsmuseum und Karzer

Die Alte Aula ist der Haupt-Repräsentationsraum der Heidelberger Universität. Das Innere der Alten Aula wurde anlässlich der Fünfhundertjahrfeier der Ruprecht-Karls-Universität 1886 nach Plänen von Josef Durm im Stil des Historismus prachtvoll umgestaltet. In der Mitte der Stirnwand befindet sich seitdem eine Büste des Großherzogs Friedrich von Baden, links davon ein Porträt des Universitätsgründers Kurfürst Ruprecht I. und rechts ein Porträt des Markgrafen Karl Friedrich von Baden, der die Universität nach dem Anschluss Heidelbergs an Baden großzügig förderte. Im selben Gebäude befindet sich das ebenfalls sehenswerte Universitätsmuseum, in dem auf drei Stockwerken die über 600-jährige Geschichte der Hochschule anschaulich dargestellt wird. Bei dem 1736 erbauten Haus des Studentenkarzers handelte es sich eigentlich um die Dienstwohnung des Universitätshausmeisters, in der öfter sich danebenbenehmende Studenten eingebuchtet wurden. Bald gehörte es in studentischen Kreisen fast zum guten Ton, hier einzusitzen, und die »Inhaftierten« machten sich darin einen faulen Lenz. Die Bemalungen an Wänden und Decken durch die zahlreichen Insassen sind ein einmaliges Zeugnis deutscher Studentengeschichte, die man sich nicht entgehen lassen sollte. Die Eintrittskarten für Karzer, Universitätsmuseum und Alte Aula erhält man beim Karzer in der Augustinergasse 2.

Hinter dem Löwenbrunnen sehen wir den Anfang der 1930er Jahre errichteten nüchternen Bau der *Neuen Universität*, der mit Spenden wohlhabender amerikanischer Bürger finanziert wurde. An der Ecke zwischen Hauptstraße und Universitätsplatz kann man sich im fast schon legendären Laden von Käthe Wohlfahrt das ganz Jahr über in weihnachtliche Stimmung versetzen lassen.

Wir gehen die **Hauptstraße** weiter nach Westen (stadtauswärts) und biegen nach wenigen Schritten nach rechts in die **Marstallstraße**

■ **Zeuge wilden Studentenlebens: der Karzer.**

■ Einst Waffenlager, jetzt Mensa: der Marstall.

ein, die uns hinunter zum *Marstall* führt. Der 135 Meter lange Marstallkomplex überstand dank seiner dicken Mauern die Zerstörung der Stadt einigermaßen glimpflich und ist heute eines der wenigen Heidelberger Überbleibsel aus dem Spätmittelalter. Er geht auf die Zeit des Kurfürsten Ludwig V. um 1510 zurück und war einst Zeughaus zur Lagerung von Waffen und militärischen Ausrüstungsgegenständen. Um Angriffe von der Flussseite abwehren zu können, wurde er direkt am Ufer gebaut. Die wehrhafte Anlage besitzt an jeder Ecke einen Wachtturm. Der namensgebende eigentliche Marstall, bei dem es sich um Pferdestallungen („Mährenstall") handelte, war ein Renaissancebau, der sich im 1693 zerstörten Südflügel befand. Der heutige »Marstall« wird als Mensa mit Cafeteria und für Büros des Studentenwerks genutzt. In der sich östlich anschließenden Heuscheuer, wo ab dem 18. Jahrhundert die Heidelberger ihren Zehnten abliefern mussten, werden seit 1965 Vorlesungen gehalten. Im krassen Gegensatz zu den sonstigen Gebäuden der Altstadt wurde in den 1970er Jah-

■ **Zeuge aus alten Tagen: der Wormser Hof.**

ren südlich des Marstalls ein mit dunklem Metall verkleideter Flachdachkomplex hochgezogen, in dem unter anderem das Institut für Archäologie untergebracht ist.

Wir durchschreiten den Innenhof des Marstall-Komplexes und gelangen über einen gewölbten Durchgang in die **Schiffgasse**, in der wir uns links halten. Am unteren Hauseck des Gasthauses Backmule von 1698 sehen wir noch einige historische Graffiti. Ein gewisser, vermutlich männlicher »H.T.« sah sich wohl selbst

dem Neid anderer ausgesetzt und hat hier den sinnigen Spruch »Wer Neider hat hat Brot, wer keine hat hat Not« eingraviert.

Wir gehen das beschauliche Gässchen ganz hoch zur Hauptstraße. Gegenüber der Einmündung stoßen wir auf ein weiteres Relikt des mittelalterlichen Heidelberg. Der ehemalige *Wormser Hof* besitzt noch einen spätgotischen Erker aus dem 16. Jahrhundert und ein prächtiges Renaissanceportal mit steinernen Ritterfiguren. Das frühere Stadthaus der Wormser Bischöfe wurde 1409 erstmals erwähnt und gehörte nach der Zerstörung der Stadt später dem englischen Lord Craven, was ihm auch die Bezeichnung »Englisches Haus« einbrachte. Am barocken Dachaufbau sieht man noch, dass das Gebäude die große Zerstörung auch nicht unbeschadet überstanden hatte.

Wir folgen der **Hauptstraße** weiter in westliche Richtung und kommen an einigen stattlichen Wohn- und Geschäftshäusern aus dem 18. Jahrhundert, wie dem ehemaligen *Palais Morass* (Nummer 54) von 1712, vorbei. In dem Prachtbau des Juristen und Rektors der Universität Johann Philipp Morass, einem Gebäude mit großzügigem barockem Treppenhaus und feudalem Festsaal im Louis-Seize-Stil ist seit 1906 das Kurpfälzische Museum der Stadt untergebracht, und im ehemals herrschaftlichen Garten befindet sich ein lauschiges Lokal. Der Bau des Palais stand seinerzeit im harten Kontrast zur Vornutzung, denn bis 1693 befand sich hier das als »Elende Herberge« bezeichnete Armenspital, das später in die Plöck verlegt wurde.

Schräg gegenüber sehen wir die lutherische *Providenzkirche*. Um

■ **Barocker Wohnkomfort in der Altstadt: Palais Morass.**

1661 als einschiffige Saalkirche erbaut, ist sie nach der Zerstörung Heidelbergs ab 1715 in barocker Form wiedererstanden. Bei einer umfassenden Innenrenovierung Ende des 19. Jahrhunderts schrubbte man die prachtvollen Barockbemalungen in mühevoller Arbeit wieder ab und pinselte Fresken im Stil der Neorenaissance darüber. Die Providenzkirche beherbergt Heidelbergs älteste Orgel, die 1885 in der Werkstatt des Orgelbaumeisters Matthias Burkard entstanden ist.

Nach rund 300 Metern Fußmarsch erreichen wir das Geschäftshaus Nummer 63, das 1930 von H. Fehrer für die amerikanische Warenhauskette »F. W. Woolworth Co. GmbH« als »25- und 50-Pfenning-Laden« gebaut wurde. Typisch für die Architektur der ausgehenden 1920er Jahre ist die Abrundung der Gebäudeecke, die bis in die Krümmung der Glasscheiben eingehalten wurde.

Wir folgen der vor dem Gebäude bergab verlaufenden **Ziegeleigasse** bis in die **Untere Neckarstraße**. Von dort sind es für Interessierte nur wenige Schritte nach rechts bis zur *Stadthalle* bzw. zum Kongresshaus, einem einmalig erhaltenen Prachtbau des gründerzeitlichen Historismus. Die Stadthalle, von 1901 bis 1903 erbaut, ist ein architektonisch gelungener Mix aus Renaissance- und Jugendstilelementen und wurde zum Anlass des hundertjährigen Jubiläums der Universitätsreform von 1803 als Versammlungs- und Festgebäude für die Bürgerschaft erbaut. Kern des Gebäudes ist der prächtige wilhelminische Große Saal für bis zu 3500 Personen mit einer Konzertorgel aus der Werkstatt Voit & Söhne von 1900. Der Pavillon nördlich des Haupteingangs mit der thronenden

■ **Herbstliche Altstadtidylle mit Blick zur Providenzkiche.**

Spaziergang durch die Altstadt

■ **Gelungener Stilmix: die Stadthalle.**

Heidelbergia trägt Bildnisse der beiden Architekten Friedrich Ebert und Jakob Henkenhaf.

Anschließend gehen wir die Untere Neckarstraße wieder Richtung Westen und schlendern durch die ruhige **Brunnengasse** an den Gebäuden der *Alten Anatomie* von 1849 und dem *Friedrichsbau*, der 1864 für naturwissenschaftliche Institute errichtet wurde, vorbei. Heute hat hier das physikalische Institut seinen Sitz. Um Platz für diesen neuen »Vorstadt-Campus« zu schaffen, musste zuvor ein Dominikanerkloster abgerissen werden.

Wir gelangen oben wieder in die **Hauptstraße**, halten uns rechts und erreichen nach gut 200 Metern den **Bismarckplatz**.

Rundgang durch die Weststadt

Tourenbeginn und -ende:
Adenauerplatz

Straßenbahnhaltestelle Adenauerplatz: *Linien 5, 21, 23, 26*

Tourenlänge: *circa 3,5 Kilometer*

Höhenunterschiede: *circa 60 Meter*

Einkehrmöglichkeiten:
Gastronomie in der Weststadt, besonders in der Rohrbacher Straße, Stadtgarten-Café

Diese Tour beginnt am **Adenauerplatz**. Diesen in den 1970er Jahren durch Zusammenlegung eines Teils der Friedrich-Ebert-Anlage mit dem Seegarten und der Seegartenstraße entstandenen Platz verlassen wir über das südwestliche Eck und gelangen an einem imposanten doppeltürmigen Eckhaus in die **Bahnhofstraße**. Gegenüber steht der mächtige neobarocke Bau des 1877 fertiggestellten ehemaligen

»Grand-Hotels«, später »Heidelberger Hof« genannt, in dem heute die Polizei logiert (Rohrbacher Straße 11). Hier beginnt die Weststadt, ein begehrtes Wohnviertel mit viel Grün, prächtigen Stadthäusern und Villen aus der Gründerzeit. Dem vornehmen Quartier verpassten seine etwas neidischen Nachbarn bald den Spitznamen »Musebrotviertel«, weil sich seine Bewohner durch die hohen Baukosten wohl nur noch selbst gemachte Marmelade, »Mus« genannt, aufs Brot schmieren konnten.

Nach wenigen Schritten erreichen wir am Jugendstileckhaus Nummer 15 mit originellem Steinrelief über dem Eingang die **Häusserstraße**, der wir nach links folgen. Wir spazieren nun an prächtigen neobarocken und neoklassizistischen Stadthäusern vorbei, queren die Bunsenstraße und erreichen nach kurzer Zeit die 1994 erbaute *Heidelberger Synagoge*.

■ Oben: Glanzvolle Fassaden in der Weststadt.
Unten: Kontrast zum wilhelminischen Prunk – die Neue Synagoge.

Heidelberger Synagoge

Der 1992 bis 1994 nach Plänen des Frankfurter Architekten Alfred Jacoby erbaute moderne Kuppelbau gibt der jüdischen Gemeinde Heidelbergs wieder ein würdiges Zuhause, nachdem die früheren Synagogen und Betsäle in der Großen Mantelgasse, in der Plöck und in Rohrbach während der Reichspogromnacht vom 9. auf den 10. November 1938 von den Nationalsozialisten niedergebrannt worden waren. Senkrechte Steinbänder tragen die ersten zehn Buchstaben des hebräischen Alphabets und symbolisieren die Zehn Gebote. Eine Besonderheit ist der eindrucksvoll in blaues Licht getauchte runde Innenraum der Synagoge, der auch als Ort für kulturelle Veranstaltungen dient. In den beiden Seitenflügeln befinden sich unter anderem eine Bibliothek, Unterrichtsräume,

Gästewohnungen für Studenten der jüdischen Hochschule und eine koschere Küche. Wichtigster Raum im Untergeschoss ist die »Mikwe«, das rituelle Reinigungsbad der jüdischen Gemeinde.

Schräg gegenüber sehen wir an der Kreuzung mit der **Blumenstraße** ein außergewöhnlich prachtvolles Stadthaus mit Eckturm von 1902, das durch einen interessanten Stil-

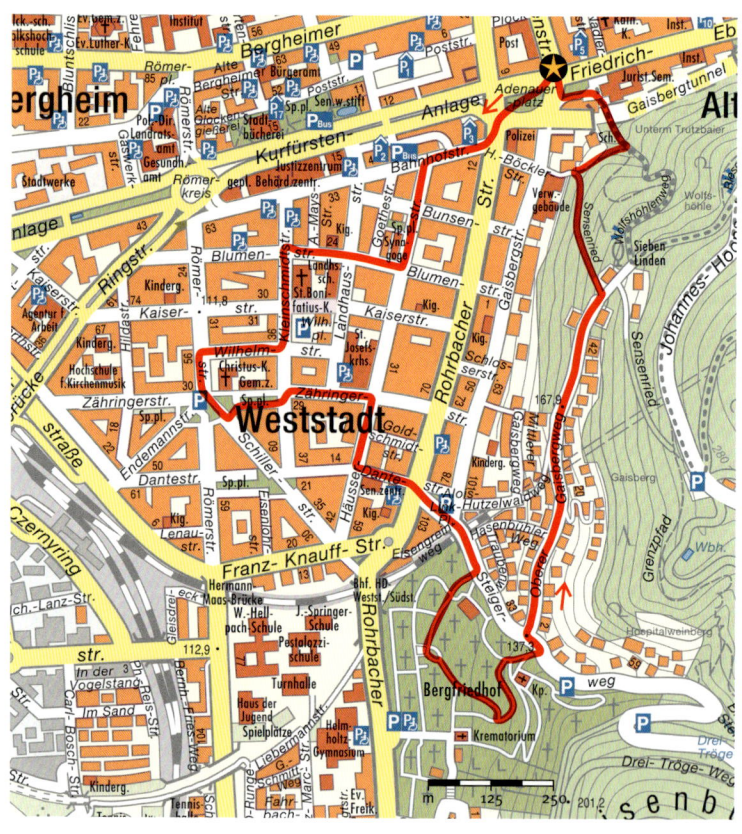

■ **Die Bonifatiuskirche.**

mix aus Elementen der Renaissance, des Barock, des Klassizismus und des Jugendstils auffällt. An dieser Kreuzung biegen wir in die noble Blumenstraße mit weiteren schönen Jugendstilbauten rechts ein und kommen nach kurzer Zeit an der um die letzte Jahrhundertwende erbauten Landhausschule vorüber. Schließlich erreichen wir einen hübschen, baumbestandenen Platz mit herrlichen gründerzeitlichen Wohnhäusern auf der einen und der katholischen *St. Bonifatiuskirche* auf der andern Seite. Die imposante Basilika mit Doppeltürmen entstand um 1900 im Stil der rhei-

nischen Romanik. Die erst Ende der 1970er Jahre wiederentdeckten und recht farbenfrohen Deckengemälde am Chor entstammen der Pinselführung der Künstler Anton Glaser und Franz Wallischeck. Wir gehen am Chor vorbei und biegen in die **Kleinschmidtstraße** links ein.

Auf unserem Spaziergang durch die Kleinschmidtstraße, die ab der Kirche den Westrand eines hübschen kleinen Platzes bildet, kommen wir an weiteren prächtigen Gründerzeitvillen und Stadthäusern vorbei.

An der Kreuzung zur **Wilhelmstraße** biegen wir rechts ein und

■ **Verdichtetes Wohnen und doch im Grünen: Weststadt.**

gelangen, vorbei an alten Stadtvillen mit hübschen Gärten, über die **Römerstraße** zum beeindruckenden Bau der evangelischen *Christuskirche*. Bei dem 1904 aus einem pompösen Stilmix aus Gotik, Renaissance und Jugendstil fertiggestellten Bauwerk von Hermann Behaghel handelt es sich um eine zweischiffige Saalkirche mit einem imposanten, 65 Meter hohen Glockenturm. Auffällig sind die kunstvoll gestalteten vier Turmuhren mit Jahreszahlen darunter, die an wichtige Ereignisse während der Reformationszeit erinnern.

Wir wandern vor der Straßenbahnhaltestelle »Christuskirche« die **Zähringerstraße** nach links, queren die Kleinschmidtstraße und gelangen in eine der eindrucksvollsten Ecken der Weststadt. Prunkvolle Stadtvillen in den unterschiedlichsten Architekturstilen begleiten uns auf beiden Seiten der Straße. Während das der evangelischen Kirche gehörende Gebäude Zähringerstraße 18 im repräsentativen Stil der Neoklassik gebaut wurde, entschied sich die Bauherrschaft von Haus Nummer 15 für den Ende des 19. Jahrhunderts modernen Landhausstil, die von Villa Nummer 17 träumte von den Türmchen und Zinnen einer mittelalterlichen Burg und ihr progressiverer Nachbar vom zuletzt erbauten Haus Nummer 19 hatte offensichtlich eine Vorliebe für den neuen Jugendstil. Wie so häufig war der dem modernen Stil aufgeschlossene Bauherr Georg Busch, der sich dieses 1904/05 entstandene Haus als Vermietungsobjekt gönnte, selbst Architekt.

An der nächsten Kreuzung halten wir uns rechts und spazieren durch die **Häusserstraße** in südliche Richtung weiter. Auf unserem Weg können wir weitere prachtvolle und teilweise schön eingegrünte Stadthäuser mit unterschiedlichstem Fassadendekor aus der Zeit der letzten Jahrhundertwende bewundern. Besonders eindrucksvoll ist das markante Mehrfamilienhaus Nr. 9/11 an der Ecke Dante-/Häusserstraße mit ungewöhnlichem Rundbalkonanbau. Das mit Gestaltungselementen aus Neobarock und Jugendstil errichtete Domizil entstand zwischen 1909 und 1911 nach Entwürfen des Architekturbüros Leopold Moosbrugger & Heinrich Pflaumer.

Schräg gegenüber (Dantestraße Nummer 14) befindet sich das ehemalige Villenanwesen des Direktors der Universitätshautklinik, Siegfried Bettmann. Der 1907–1911 entstandene Bau mit hübscher Säu-

■ **Oben: Christuskirche.
Unten: eigenwilliges Eckhaus an der Dantestraße.**

■ **Oben: am Alois-Link-Platz.**
Unten: Mausoleum der Eheleute Bartholomae.

lenarkade orientiert sich trotz einiger Jugendstilelemente wieder ganz an klassizistischen Vorbildern und lässt dadurch ein älteres Baudatum vermuten.

Wir spazieren nun die **Dantestraße** nach links und erreichen die Rohrbacher Straße mit dem hübschen **Alois-Link-Platz,** auf dem sich ein charmanter historischer Zeitungskiosk erhalten hat.

Auf der gegenüberliegenden Straßenseite folgen wir dem schräg links bergauf führenden **Steigerweg,** queren auf einer Brücke die Bahngleise und erreichen schließlich den unteren Eingang des *Bergfriedhofs.*

■ **Jüdischer Teil des Bergfriedhofs.**

Bergfriedhof

Der 1844 eröffnete Bergfriedhof ist eine der bekanntesten Begräbnisstätten Deutschlands und zugleich ein großer, schattiger Waldpark. Der Gang durch den Friedhof ist wie das Schmökern in einem Geschichtsbuch, denn man begegnet vielen berühmten Namen von Politikern, Komponisten und Geistesgrößen wie Friedrich Ebert, Wilhelm Furtwängler, Max Weber, Friedrich Gundolf, Hilde Domin sowie von Naturwissenschaftlern und Forschern wie Carl Bosch, Robert Bunsen oder Felix Wankel.

Wer die Friedhofsbesichtigung aussparen möchte, der geht einfach den **Steigerweg** bis zum **Oberen Gaisbergweg** weiter und hält sich dort links. Ansonsten gehen wir durch das Friedhofstor und spazieren durch den baumbestandenen, stimmungsvollen Ort mit vielen beeindruckenden Grabmälern von bekannten und unbekannten Heidelberger Bürgern. Ein einzigartiges Zeitdokument der Geschichte Heidelbergs. Informationstafeln und Wegzeichen informieren über die Lage berühmter Gräber.

Im südlichen Bereich des Stadtfriedhofs befindet sich der noch sehr schön erhaltene jüdische Teil des Friedhofes, und direkt unter-

halb davon entdecken wir das in Form eines griechischen Antentempels entstandene *Krematorium* von 1891. Heidelberg hatte damals nach Gotha den zweiten Krematoriumsbau im Deutschen Reich, der anfangs sogar für den gesamten südwestdeutschen Raum gedacht war. Krematorien waren zu dieser Zeit in der Öffentlichkeit sehr umstritten und von den Kirchen bekämpft. Verbrennungen wurden zuvor nur als Strafe oder bei Seuchen durchgeführt. Um für Akzeptanz zu werben, entschied

sich das Architekturbüro Kuhn & Maier bewusst für ein Vorbild aus der Antike, in der die Einäscherung übliche Praxis war.

Wir verlassen den Friedhof wieder durch den oberen Ausgang, der sich in der Nähe der ausgeschilderten »Kapelle« befindet, zum Steigerweg hin und folgen dem etwas unterhalb einmündenden **Oberen Gaisbergweg** auf der gegenüberliegenden Straßenseite weiter. Diese kleine Wohnstraße führt uns an gepflegten Häusern und Gärten vorbei und bietet immer wieder herrliche Ausblicke auf die Weststadt und die Rheinebene. Bei schöner Sicht kann man am Horizont die Berge der Pfalz, die Hochhaussilhouette von Mannheim sowie die Hügel des Kraichgaus erspähen. Vor dem freistehenden und letzten Wohnhaus auf der linken Seite (Nummer 31) führt uns der Weg **Sensenried** wieder hinunter Richtung Innenstadt. Wir halten uns nach einer steilen Steintreppe rechts und gehen den geschotterten Waldweg wieder kurz leicht bergauf. An der Stelle, wo linker Hand die Sichtschutzwand der darunter liegen-

den Bebauung endet, verlassen wir den leicht rechts führenden Weg und spazieren den Waldpfad geradeaus in ein kleines Tälchen, die sogenannte Wolfshöhle, hinunter. Wir folgen dem Verlauf des **Wolfshöhlenwegs** weiter bergab und gelangen zu einer am Waldrand liegenden herrschaftlichen Stadtvilla aus dem 19. Jahrhundert. Das turmbekrönte Domizil *Villa Lina* im Stil des Historismus mit schönem, gusseisernem Gartenpavillon liegt direkt über der Einfahrt des Gaisbergtunnels, des früheren Eisenbahn- und jetzigen Straßentunnels.

■ **Italienischer Traum am Stadtgarten: Villa Lina.**

Villa Lina

Bei der Villa Lina handelt es sich um das 1860 errichtete Wohn- und Bürogebäude eines großherzoglichen Bauinspektors. Rund 15 Jahre später wird das Anwesen von dem Bankier Wilhelm Köster erworben, der es um ein Geschoss erhöht und auf der Ostseite einen Belvedere-Turm nach toskanischem Vorbild bauen lässt. Nach 1895 verliebt sich der Fabrikant Wilhelm Henning in die schmucke Villa, erwirbt sie und benennt sie nach seiner Gattin Caroline »Villa Lina«. Seit einigen Jahren haben hier verschiedene Fremdsprachenschulen »ihren Platz gefunden, die Villa führt nun den Namen »Manesse«.

Unten angekommen, erreichen wir den Stadtgarten, wo wir uns links halten. Dahinter sehen wir die Friedrich-Ebert-Anlage. Diese hieß bis 1945 Leopoldstraße und war ab 1840, genau wie der Stadtgarten, eine angesagte Adresse, nachdem hier der erste Heidelberger Bahnhof erbaut wurde. Er stand auf der Westseite des heutigen Adenauer-

■ **Gusseisernes Kunstwerk: Gartenpavillon der Villa Lina.**

■ **Modernes Zentrum am Tor zur Weststadt: Adenauer-Platz.**

platzes und war bald von stattlichen Hotel- und Geschäftsgebäuden umringt. Heute erinnern nur noch der Name »Bahnhofstraße« und der 1908 fertiggestellte Gaisbergtunnel an die frühe Geschichte der Heidelberger Eisenbahn.

Wir wandern nun entlang dem Stadtgarten-Café zurück zum **Adenauerplatz**, dem Ausgangspunkt der Tour. Das Stadtgarten-Café entstand in seiner heutigen Form 1911, war erst Casino, dann Restaurant, später Sitz des Verkehrsvereins und schließlich Trinkhalle. 2002 brannte es aus und wurde erst 2005 wieder aufgebaut. Ein Teil des Gebäudes wird heute als Galerie genutzt. Der einst vornehme kleine Stadtgarten fristet an der stark befahrenen Straße ein Schattendasein, und die hübsche »Erfrischungshalle« im orientalischen Stil sowie der schmucke Musikpavillon aus dem 19. Jahrhundert sind leider verschwunden. Heute bildet der verkehrsreiche Adenauerplatz mit seiner mächtigen Brunnenanlage zusammen mit dem benachbarten Bismarckplatz ein pulsierendes Büro- und Geschäftszentrum zwischen West- und Altstadt.

TOUR 3 RUINEN, LANDSCHAFTEN UND LEGENDEN

Wanderung nach Schlierbach

Tourenbeginn: *S-Bahnhof Heidelberg-Altstadt, Karlstor*

Tourenende: *S-Bahnhof Schlierbach-Ziegelhausen*

S-Bahn: *S1, S2, S5*

Tourenlänge: *circa 5,5 Kilometer*

Höhenunterschiede:
circa 110 Meter

Einkehrmöglichkeiten: *Gasthaus Wolfsbrunnen in Schlierbach*

Diese Tour in die östlichen Stadtteile Schlierbach und Ziegelhausen beginnt am *Karlstor* bei der **S-Bahn-Haltestelle »Heidelberger Altstadt«** östlich der Innenstadt. Das eigenwillige Stadttor wurde zwischen 1775 und 1781 von den Stadtvätern zur Ehrung von Kurfürst Karl Theodor nach Plänen von Nicolas de Pigage in Form eines römischen Siegestores errichtet. Es wird von vier Pfälzer Löwen gekrönt und im Mittelteil, zur Stadt hin, wurden die Porträts des Kurfürsten und seiner Gemahlin und Kusine, der Pfalzgräfin Elisabeth Auguste, angebracht. Das ehrgeizige Projekt war damals in der Bürgerschaft aufgrund der hohen Kosten heftig umstritten, aber die Stadt beharrte auf dessen Verwirklichung, in der Hoffnung, dass Karl Theodor mit seiner Residenz wieder nach Heidelberg zurückkehren könnte. Wenn auch der Kurfürst zur Grundsteinlegung am 2. Oktober 1775 höchstpersönlich erschien, so zerplatzten die Träume der Heidelberger noch während des Baus wie Seifenblasen, als Karl Theodor aus Gründen der Erbfolge von Mannheim nicht zurück nach Heidelberg, sondern noch weiter weg nach München zog.

Wir spazieren zunächst durch die **Hauptstraße** in westlicher Richtung und kommen dabei an einigen eindrucksvollen Stadthäusern wie dem Anfang des 18. Jahr-

■ Oben: Kurfürst Karl Theodor und Elisabeth Auguste am Karlstor.
Unten: Völkerkundemuseum im ehemaligen Palais Weimar.

hunderts erbauten *Palais Weimar* (Nummer 235), dem heutigen Völkerkundemuseum, und dem ganz in Weiß gehaltenen *Haus Buhl* (Nummer 234) vorbei, aus dessen Garten früher Prinzessin Liselotte von der Pfalz Kirschen gestohlen haben soll. Das 1722 erbaute und zwischen 1770 und 1784 im Louis-Seize-Stil umgestaltete Haus Buhl verkörpert mit seinem eleganten Treppenaufgang und dem hübschen Empiregeländer die Idylle der Biedermeierzeit. Bauherr war der Heidelberger Hofgerichtsrat und Mathematikprofessor Friedrich Gerhard von Lünenschloß, der sich auch um den Wiederaufbau der Universität verdient gemacht hat. Später gelangte es in den Besitz des

Juristen und Professors Heinrich Buhl, der es 1907 der Universität schenkte. Seither gehen hier Gäste der Universität ein und aus, und abends erklingen öfters Gesangs-, Klavier- und Geigentöne aus den Fenstern des kleinen Festsaals.

Wir spazieren weiter und erreichen kurz vor dem Karlsplatz die zwei traditionsreichsten Heidelberger Studentenkneipen, das *Seppl* und das Wirtshaus *Zum Roten Ochsen*. Interessant ist vor allem ihr Innenleben, das in langjähriger Arbeit von den Studenten mitgestaltet wurde. So beeindrucken die Gäste vor allem die mit Messern durchlöcherten Tische und eingeritzten Inschriften, aber auch das Sammelsurium an alten Fotos,

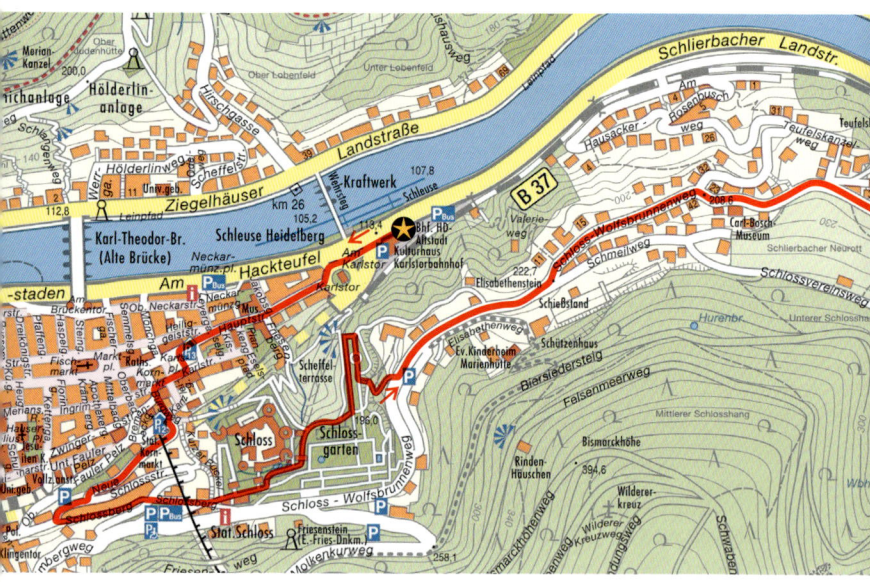

Bierzipfeln und Schildern ist einen Besuch wert.

Der hübsche, mit Platanen bepflanzte **Karlsplatz** wird von prächtigen Bauten wie dem der Heidelberger Akademie der Wissenschaften im ehemaligen großherzoglichen Palais und dem zu Beginn des 18. Jahrhunderts durch den kurpfälzischen Hofkammerpräsidenten Franz von Sickingen als Adelshof errichteten *Palais Boisserée* auf der anderen Seite eingerahmt. Krönender Abschluss ist die gewaltige Schlossruine, die man von der Südseite des Platzes aus sehen kann. Die Gebrüder Boisserée betrieben hier von 1810 bis 1819 eine Kunstsammlung, die große Beachtung fand. Auch Johann Wolf-

gang von Goethe war fasziniert und wurde Stammgast. Im Garten des Hauses entsprang seiner Feder folgendes Gedicht:

Ros' und Lilie morgenthaulich
Blüht im Garten meiner Nähe;
Hintenan, bebuscht und traulich,
Steigt der Felsen in die Höhe;
Und mit hohem Wald umzogen,
Und mit Ritterschloss gekrönet,
Lenkt sich hin des Gipfels Bogen,
Bis er sich dem Thal versöhnet.

Vor allem nach der Anerkennung durch den großen Dichter wurde das Haus der Kunstsammler zu einem wichtigen politischen und gesellschaftlichen Treffpunkt für zeitgenössische Prominente wie Fürst

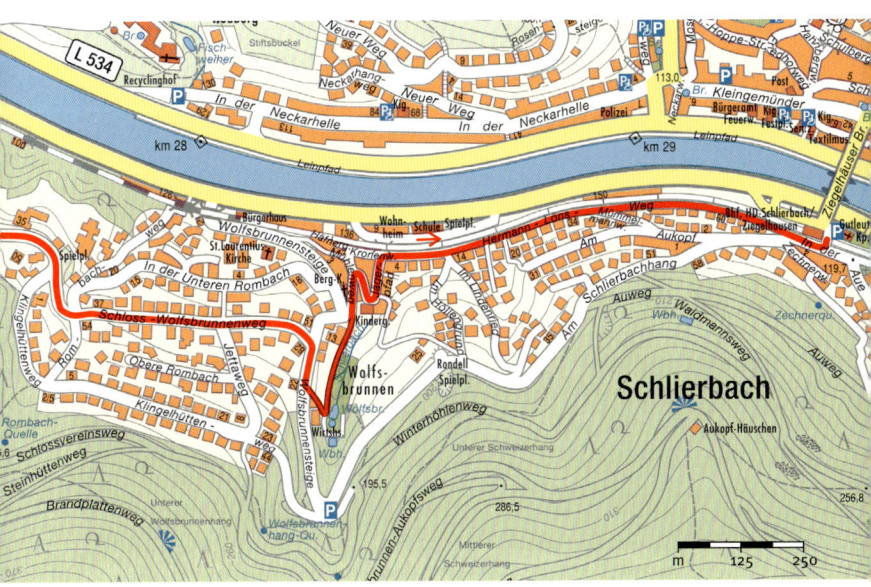

Metternich, Jean Paul, Freiherrn von Stein oder Jakob Grimm.

In der Mitte des nach Großherzog Karl Friedrich von Baden benannten Platzes fällt der 1978 von Michael Schoenholtz geschaffene *Sebastian-Münster-Brunnen* ins Auge. Er erinnert an den Humanisten und Kosmographen Sebastian Münster (1488–1552), der Anfang des 16. Jahrhunderts einige Jahre im hier bis 1803 existierenden Franziskanerkloster wirkte.

Wir queren den Karlsplatz und halten uns in der Karlsstraße gleich wieder rechts. Auf der linken Seite steht das *Palais Graimberg* (Kornmarkt 5) des französischen Grafen

Louis Charles F. de Graimberg, der sich engagiert für den Erhalt der romantischen Heidelberger Schlossruine einsetzte. 1839 erwarb er das zentrale Gebäude, um hier mit Präsentationen und dem Verkauf von Stichen und Grafiken des Schlosses für dessen Erhalt zu werben. Mit seiner Kuriositätensammlung legte er darüber hinaus den Grundstock für das spätere Kurpfälzische Museum. Am **Kornmarkt** (siehe Tour 1) biegen wir nach links und gelangen über den **Burgweg** weiter nach oben. In der Linkskurve steigen wir die Treppen Richtung Kurzer Buckel hoch, verlassen aber den Treppenweg

■ **Karlsplatz mit Akademie der Wissenschaften und Schlossruine.**

■ **Ausblicke.**

sofort wieder und folgen der serpentinenartig nach oben führenden **Neuen Schlossstraße**. Nach wenigen Schritten bekommen wir auf der linken Seite einen kurzen, aber interessanten Einblick in die aufwändigen Tunnelkonstrukte der Bergbahn (siehe Tour 10). Bald darauf beherrschen imposante Villen und studentische Verbindungshäuser das Blickfeld. Besonders eindrucksvoll sind die hohen Natursteinmauern der parkähnlichen Gärten mit teilweise kunstvoll gestalteten Eingangsportalen.

Prächtige Villenanwesen und immer wieder herrliche Ausblicke auf die Altstadt, die imposante Ruinenlandschaft des Schlosses und die dahinter liegenden Ausläufer des Odenwalds begleiten uns die gesamte Strecke. Völlig aus dem Rahmen fällt hier nur das unterhalb liegende ehemalige *Amtsgefängnis Fauler Pelz*. Der kurz vor Ausbruch der Revolution in den Jahren 1847/48 im Stil der italienischen Frührenaissance entstandene Knastbau wurde anfangs zur »Unterbringung« von antirevolutionären Pfarrern genutzt, was dem Bauwerk bald den Namen »Pfaffenburg« einbrachte. Die Freude der Aufständischen kam aber zu früh, denn schnell füllten sich die vergitterten, lichtarmen Räume mit den Revolutionären selbst. Weiter oben treffen wir auf das wohl beeindru-

■ **Steingewordene Burgenfantasie: Villa Remmler.**

ckendste Villenanwesen in diesem Wohnviertel, die burgartige **Villa Remmler**.

Der Architekt Johann Remmler wollte mit seinem 1899 entstandenen Domizil mit Burgfried, Zinnen und wehrhaften Mauern wohl in Konkurrenz zu den benachbarten Schlossruinen treten, was ihm ein Stück weit gelungen ist. Aber auch die Nachbarschaft blieb nicht untätig, denn ungefähr zur selben Zeit entstanden hier zahlreiche weitere eindrucksvolle Wohn- und Verbindungshäuser, deren große Gärten immer wieder den Blick auf die eindrucksvolle Dachlandschaft der dicht bebauten Heidelberger Altstadt freigeben. Nach der Villa

erreichen wir bei einem Rondell im Stil der Neorenaissance die Straße **Schlossberg**, in die wir links einbiegen. Im Kreuzungsbereich hat sich ein idyllischer Winkel mit einigen kleinen älteren Wohnhäusern erhalten.

An diesem alten Zugangsweg zum Schloss bildete sich im Mittelalter eine Sondergemeinde aus herrschaftlichen Bediensteten mit eigenen Privilegien und Rechten, die bis 1743 bestand. Die holprige Pflasterstraße führt uns nun direkt zum *Schloss* und zum *Schlossgarten* hinauf. Eintrittskarten bekommt man im neuen Besucherzentrum auf der rechten Seite.

Der Schlossgarten mit den verschiedenen Aussichtspunkten ist aber frei zugänglich, so dass auch diejenigen auf ihre Kosten kommen, die keine Schlossbesichtigung machen möchten.

Heidelberger Schloss und Residenz

Die Ursprünge des Heidelberger Schlosses liegen im Dunkel des Mittelalters verborgen. Erstmals wird hier eine Burg im Jahr 1225 erwähnt, als Ludwig I. sie vom Bischof Heinrich von Worms als Lehen erhält. Bauherren sind wohl die 1214 mit der Pfalzgrafschaft belehnten Herzöge von Bayern.

In einer Urkunde des Jahres 1303 werden zwei Burgen aufgeführt: die obere Burg auf dem Kleinen Gaisberg bei der jetzigen Molkenkur und die untere auf dem Jettenbühl, dem Standort des heutigen Schlosses. Der Ausbau der unteren Burganlage zum mittelalterlichen Stammsitz beginnt mit der Vergabe der Kurwürde 1329 an Rudolf II., den ersten pfälzischen Kurfürsten. Schon Ruprecht I. (1309–1390), Gründer der Heidelberger Universität, veranlasst verschiedene Vergrößerungen der Wohngebäude sowie eine erhebliche Verstärkung der Sicherungsanlagen. Der älteste, bis heute existierende Teil des

■ **Weltweit schönster Trümmerhaufen: das Heidelberger Schloss.**

Schlosses entsteht ab 1400 unter Ruprecht III. Dieser war gerade als »Ruprecht I.« zum deutschen König gewählt worden und benötigte deshalb mehr Platz, Sicherheit und einen repräsentativen Bau zur Demonstration seiner Macht. Sein Enkel, Kurfürst Friedrich I., wird vielleicht der wichtigste Bewohner des Schlosses. Diesem äußerst ausgefuchsten Strategen gelingt es 1462, mit einem Überraschungsangriff die Schlacht bei Seckenheim zu gewinnen und daraufhin den Markgrafen von Baden, den Grafen von Württemberg und den Bischof von Metz gefangen zu nehmen. Die drei prominenten Geiseln kommen aufs Schloss, und man lässt sie erst nach hohen Geldzahlungen und

■ **Einsames Bad im einstigen Prachtgarten: Vater Rhein.**

umfangreichen Gebietsabtretungen wieder von dannen ziehen. Die Kurpfalz wird dadurch zu einer der stärksten Mächte im Reich. Unter Kurfürst Ottheinrich (1502–1559) wird der prunkvolle Ottheinrichsbau im Stil der frühen Renaissance realisiert, und die Burg wird damit zum Schloss. In den nachfolgenden Jahren entstehen unter anderem der heute noch erhaltene Friedrichsbau, der Englische Bau und der erste große deutsche Renaissancegarten Hortus Palatinus. Diese in drei Terrassen angelegte Parkanlage mit ihren exotischen Pflanzen, Grotten und Lusthäuschen galt damals als »achtes Weltwunder«.

Politische Verstrickungen führen zu großen Zerstörungen an Schloss und Stadt mit dem vorübergehenden Verlust der Kurwürde. 1649 zieht Karl I. Ludwig, der Sohn Friedrichs V., als neuer Herrscher ins Schloss ein, nachdem ihm kurz zuvor wieder die eingeschränkte Kurwürde zugestanden worden war, und lässt seine Residenz restaurieren. Doch bald bahnt sich neues Unheil an, als 1671 der Kurfürst Karl I. Ludwig seine Tochter Liselotte von der Pfalz mit Philipp von Orléans, einem Bruder des Sonnenkönigs Ludwig XIV., verheiratet. Der stark auf die Expansion seines Reiches bedachte französische Herrscher meldet 1685 Erbansprüche an, als der Sohn von Liselotte und Philipp Kurfürst Karl II. kinderlos verstirbt. Es kommt zum verheerenden Pfälzischen Erbfolgekrieg, in dessen Verlauf französische Truppen 1688 zunächst den Dicken Turm des Schlosses sprengen. Am 13. Juni 1693 leisten sie dann ganze Arbeit: 27 000 Pfund Pulver bringen Türme und Befestigungsmauern zum Einstürzen und verwandeln die Stadt in ein riesiges Ruinenfeld, »Heidelberga Deleta« verkündet eine Medaille. Bald danach wird Mannheim zur kurfürstlichen Residenzstadt ernannt, und erst Kurfürst Karl Theodor entwickelt ab 1742 wieder Interesse an Heidelberg und plant den Wiederaufbau des Schlosses zur Residenz. Das ehrgeizige Vorhaben wird aber durch einen Blitzschlag vereitelt, wodurch die bizarre Ruinenlandschaft erhalten bleibt. Der französische Dichter Victor Hugo schreibt dazu: »Man könnte sogar sagen, dass der Himmel sich eingemischt hat.«

Karl Theodor verdanken wir auch das »Große Fass«. Es wurde als viertes seiner Art 1751 unter Kurfürst Karl Theodor mit einem Fassungsvermögen von 221 726 Litern fertiggestellt. Da es die Küfer nicht dicht bekamen, wurde es nur dreimal gefüllt. Um den Vorgänger des Fasses rankt sich eine komische und zugleich tragische Geschichte: Der Kurfürst Karl Philipp soll einen nur rund einen Meter großen, aber 100 Kilogramm schweren »Zwerg« aus Salurn als Hofnarr mitgebracht haben. Als er ihn fragte, ob er das

Große Fass allein austrinken könne, soll dieser auf Italienisch geantwortet haben: »Perché no?« (Warum nicht?). Daraus ist sein Name »Perkeo« entstanden. Es wurde erzählt, dass Wein das einzige Getränk gewesen sei, das er seit seiner Kindheit zu sich genommen habe. Victor Hugo erwähnt, dass Perkeo ein bedauernswertes Geschöpf war, denn er musste täglich fünfzehn Flaschen Wein trinken, sonst wurde er ausgepeitscht.

Weltberühmt wurde die Schlossruine durch die zu Beginn des 19. Jahrhunderts aufkommende Bewegung der Romantik; sie zog Studenten und junge Künstler aus ganz Deutschland an. Selbst Johann Wolfgang von Goethe schwärmte in seinen Tagebüchern, Aufzeichnungen und Skizzen von der Ruine. Trotzdem gab es Pläne sie abzureißen, und ausgerechnet ein Franzose, der emigrierte Graf Louis Charles F. de Graimberg (1774–1864), wurde zu ihrem Retter. Er ist der Erste, der sich mit Nachdruck um die Erhaltung der Ruine bemüht, und er setzt endlich durch, dass die alten Gemäuer nicht länger als Steinbruch dienen dürfen. Neben den täglichen Besichtigungen von Ruinen, Schlossgebäude, Apothekermuseum und dem Großen Fass finden am und im Schloss heute im Sommer zahlreiche Aufführungen statt.

■ **Romantik pur: Ausblicke von der Scheffelterrasse.**

Vom Schlossgarten hat man an vielen Stellen prächtige Ausblicke auf die Stadt und das idyllische Neckartal. Diese einmalige Szenerie zog und zieht seit Generationen Menschen aus aller Welt in ihren Bann, und so muss man sich an schönen Wochenenden manchmal ein freies Aussichtsplätzchen fast erkämpfen. Wesentlich ruhiger geht es auf den Schlossgartenterrassen östlich der Ruine zu. Dabei ist hier der Blick noch beeindruckender, weil das bizarre Gemäuer der Schlossruinen und die auslaufenden Hänge des Odenwaldes die Altstadt mit dem Neckar wunderbar in Szene setzen. Der kurze Gang zur Aussichtskanzel der *Scheffelterrasse* am nördlichsten Zipfel des Gartens ist deshalb unbedingt zu empfehlen.

Vom einst prachtvollen Renaissancegarten Hortus Palatinus blieb neben den Stützmauern hauptsächlich das Wasserbassin mit der Skulptur von »Vater Rhein«, auch als »Neptunbrunnen« bekannt, übrig. Dort liegt Vater Rhein doch etwas verloren auf seinen unbequemen Steinen am Rande des weitgehend ausgeräumten englischen Landschaftsparks.

Wir gelangen nun über die links vom Brunnen bergauf führenden Treppenstufen oder den Fußweg bei der Scheffelterrasse in den **Schloss-Wolfbrunnen-Weg** und halten uns dort links. Dieses herrliche Sträßchen führt uns längere Zeit auf halber Höhe durch ein exquisites Wohnviertel mit schattigen Parks und einigen wunderschönen Aussichtsplätzen.

Der Weg wurde seit den Anfängen der Besiedlung Heidelbergs genutzt. Da er auch den nordöstlichen Zugang zum Heidelberger Schloss bildete, sicherte man ihn früh mit Schanzen, und noch im 18. Jahrhundert kam ihm als Verkehrsweg große Bedeutung zu, da der Uferweg am Neckar zu sumpfig war. Die Bebauung mit Wohnhäusern begann um 1900, und die reizvolle Lage zog bald berühmte Persönlichkeiten wie den Biologen Otto Schmeil, den Industriellen Carl Bosch oder auch den Architekten und NS-Rüstungsminister Albert Speer in ihren Bann.

Zunächst kommen wir am Gelände des ehemaligen Schlosshotels vorbei. Der alte Prachtbau von 1873 musste bei den jüngsten Umbauarbeiten in einen Apartmentkomplex sukzessive abgerissen werden, da sich die alte Bausubstanz auf Grund von Durchfeuchtungen als zu marode herausstellte. Der Neubau lässt aber noch die Formen des alten Grandhotels erahnen.

Nach einigen Biegungen führt uns der Weg an dem auch architektonisch sehr ansprechenden *Carl-Bosch-Museum* mit dem 2007 angebauten *Museum am Ginkgo* vorbei. Das frühere Garagenhaus des Heidelberger Nobelpreisträgers für Chemie Carl Bosch bot ursprüng-

■ **Heidelbergs »neues Schloss«: die Villa Bosch.**

lich Platz für seine Chauffeure und seine Automobile. Heute informiert eine interessante Ausstellung über sein Leben und Wirken. Darüber hinaus wird der Weg von den labortechnischen Anfängen der chemischen Industrie bis zum Aufbau riesiger Industriekomplexe der Hochdrucktechnik nachvollzogen und deren wirtschaftspolitische Auswirkungen dokumentiert.

Wir wandern das Sträßchen weiter und kommen an mehr oder weniger mondänen Wohn- und Bürodomizilen vorüber. Zu sehen sind unter anderem die etwas abseits gelegene *Villa Schmeil* (Nummer 29) des bekannten Biologieprofessors Otto Schmeil oder die 1922 nach Plänen von Heinrich Metzendorf von der BASF für den Chemiker Carl Bosch

■ **Herrschaftliche Lage: Villa Reiner.**

errichtete schlossähnliche *Villa Bosch* (Nummer 33). Das ab 1921 errichtete feudale Wohnhaus des Nobelpreisträgers von 1931 und Vorstandsvorsitzenden der BASF ist die größte Villa am Weg und durch seine neobarocken Züge stilistisch noch mit dem Bauen im Stil des Historismus vor dem Ersten Weltkrieg verbunden. Die Familie Bosch lebte hier bis zu Carl Boschs Tod 1940. Ab 1945 wurde die Villa Bosch zuerst Sitz der amerikanischen Oberbefehlshaber und beherbergte dann den Süddeutschen Rundfunk. Direkt daneben schließt sich die vom selben

Architekten gebaute *Villa Reiner* (Nummer 35) mit neoklassizistischen Stilelementen an.

Das Anwesen des Industriellen Robert Reiner bildete zusammen mit Boschs Villa einen kleinen Landschaftspark, da nach einer ursprünglichen städtebaulichen Konzeption die Villengärten im Schloss-Wolfsbrunnenweg als zusammenhängender Grünzug bis zum Schlossgarten angelegt werden sollten. Ein Teil des Parkgeländes wurde inzwischen mit modernen Bauten einer Stiftung und eines Institutes bebaut, aber unterhalb davon sind noch einige der alten

Bäume und Grünbereiche des früheren Gartens erhalten geblieben. Wir gehen weiter, kommen an einigen schönen Aussichtspunkten mit Blick auf das Benediktinerstift Neuburg und den Stadtteil Ziegelhausen vorüber, und erreichen schließlich den Stadtteil Schlierbach.

Hier spazieren wir den Schloss-Wolfbrunnenweg weiter und gelangen zur **Wolfbrunnensteige**, in der wir uns kurz rechts halten. Gleich nach dem Parkplatz führt uns ein Sträßchen hinunter zum eigentlichen *Wolfsbrunnen* und dem legendären *Gasthaus Wolfsbrunnen*, das 1822 im Schweizerhausstil nach

Plänen von Wilhelm Frommel und unter der Leitung von Friedrich Weinbrenner errichtet wurde. Es ist das älteste Ausflugslokal Heidelbergs und beherbergte in seiner langen Geschichte auch allerlei Prominente und Hoheiten wie Zar Alexander I., Kaiser Franz I., Friedrich Wilhelm III. oder Kaiserin Elisabeth (Sissi) von Österreich. Bereits ab 1551 stand hier ein kurfürstliches Lust- und Jagdhaus mit Brunnen, Wasserspielen und Fischteichen. In dem lauschig angelegten Brunnenteich steht im glasklaren Wasser auf einem Felsbrocken die 1895 fertiggestellte bronzene Wolfsfigur von

■ **Im Land der Gebrüder Grimm: der Wolfsbrunnen.**

Peter Coy. Die gesamte Anlage hat etwas Verwunschenes und würde sich hervorragend für eine Verfilmung des Märchens »Brüderchen und Schwesterchen« der Gebrüder Grimm eignen. Der Legende nach soll zu Zeiten der römischen Besiedlung auf dem Jettenbühl, dem heutigen Schlossberg, die »Seherin« Jetta gelebt haben und schließlich hier von einer hungrigen Wölfin getötet worden sein. Als man sie fand, entsprang hier plötzlich eine Quelle, der »Wolfsbrunnen«.

Der schlesische Dichter Martin Opitz widmete diesem Brunnen im 17. Jahrhundert folgende Zeilen:

Vom Wolffesbrunnen bey Heydelberg / Du edler Brunnen du, mit Ruh und Lust umgeben / Mit Bergen hier und da alß einer Burg umbringt / Printz aller schönen Quell, auß welchen Wasser dringt / Anmutiger dann Milch, und köstlicher dann Reben, / Da unsres Landes Kron' und Haupt in seinem Leben, / Der werthen Nymph' offt selbst die lange Zeit verbringt (…)

Der alte Gasthof wurde 2012/13 zu einem modernen Restaurantbetrieb umgebaut und bietet eine gute Einkehrmöglichkeit.

Wir wandern nun den Fußweg entlang des Baches talwärts und

■ **Schlierbach.**

■ **Ausblick auf Neckar und Ziegelhausen.**

kommen unterhalb der hübschen evangelischen Bergkirche von 1910 in den **Mühlenweg**.

Nach dem Erreichen der ersten Häuser des früheren Dorfkerns biegen wir nach Haus Nummer 11 scharf rechts in den **Jägerpfad** ein, der uns in einem Bogen durchs alte Schlierbach mit seinen ursprünglich sieben Mühlen führt. Vor den Bahngleisen halten wir uns rechts und folgen dem **Hermann-Löns-Weg** bis zum **S-Bahnhof Schlier-**

bach-Ziegelhausen. Der Weg führt uns zwar durch keine der von Löns so oft besungenen Wacholderheiden, aber unsere Schritte werden mit einer schönen Aussicht auf Ziegelhausen belohnt.

Wer diese Tour nun beenden möchte, kann von hier mit der S-Bahn wieder zum Ausgangspunkt zurückfahren. Es besteht aber auch die Möglichkeit, mit Tour Nr. 4 wieder zum Ausgangspunkt zurückzuwandern.

TOUR 4 VILLEN, AUSBLICKE UND GELÜBDE

Von Schlierbach über Kloster Neuburg nach Heidelberg

Tourenbeginn: *S-Bahnhof Schlierbach-Ziegelhausen*

Tourenende: *S-Bahnhof Heidelberg-Altstadt, Karlstor*

S-Bahn: *S1, S2, S5*

Tourenlänge: *circa 6 Kilometer*

Höhenunterschiede: *circa 100 Meter*

Einkehrmöglichkeiten:
Gastronomie am Kloster Neuburg, Gastronomie in Ziegelhausen

Wir beginnen diese Tour am **S-Bahnhof Schlierbach-Ziegelhausen** und spazieren zunächst ein paar Schritte Richtung Osten. Hier auf der Verkehrsinsel zwischen Bundesstraße, Bahngleisen und Bahnhofsparkplatz treffen wir überraschend auf eines der ältesten Bauwerke im Heidelberger Stadtgebiet. Die unscheinbare *Laurentiuskapelle* oder auch Gutleuthofkapelle mit mittelalterlichen Fresken im Innern wurde 1430 von Pfalzgraf Ludwig III. als Siechenhauskapelle für die Aussätzigen der Region gebaut, die im benachbarten, 1880 abgebrannten Siechen- oder »Gutleuthaus« untergebracht waren. Anschließend queren wir die über den Neckar führende *Ziegelhäuser Brücke*. Ihre 1905 erbaute Vorgängerin wurde 1945 vom Volkssturm gesprengt, und es kam hier zu einem letzten Artilleriegefecht zwischen amerikanischen Truppen auf Ziegelhäuser und deutschen Truppen auf Schlierbacher Seite. Die jetzige Brücke mit den Bronzefiguren des heiligen Christophorus und der Jungfrau Maria wurde 1954 eingeweiht. Von der Brücke bietet sich ein herrlicher Blick auf die zwischen den steil ansteigenden Hügeln des Odenwaldes liegende Neckarlandschaft sowie den hübschen Ortskern von Ziegelhausen.

■ Oben: Blick von der Ziegelhäuser Brücke.
Unten: Beschauliches Ziegelhausen.

Auf der anderen Seite angelangt, führt uns nun die **Kleingemünder Straße** durch das unspektakuläre, aber nette Ziegelhausen. Am Haus Nummer 41/43 erinnert eine Marmortafel daran, dass dort um 1200 durch das Kloster Schönau das »Obere Zigelhus« erbaut wurde, welches dem späteren Dörfchen seinen Namen gab. Im Jahr 1875 verbrachte hier im inzwischen leider ebenfalls wieder abgebrochenen »Schultheissenhaus« Johannes Brahms seine Heidelberger Sommertage. Gleich daneben steht die etwa 1742 geweihte katholische **St. Laurentiuskirche** mit deutlich jüngerem Chor. Auf der linken Seite erspähen wir in der Brahmsstraße das inzwischen in ein Kleidermuseum verwandelte barocke evangelische Kirchlein, das 1733 nach Plänen von Johann Jakob Rischer entstanden ist.

Wir gehen die Kleingemünder Straße weiter und biegen gleich nach Querung der Peterstaler Straße in die rechts nach oben

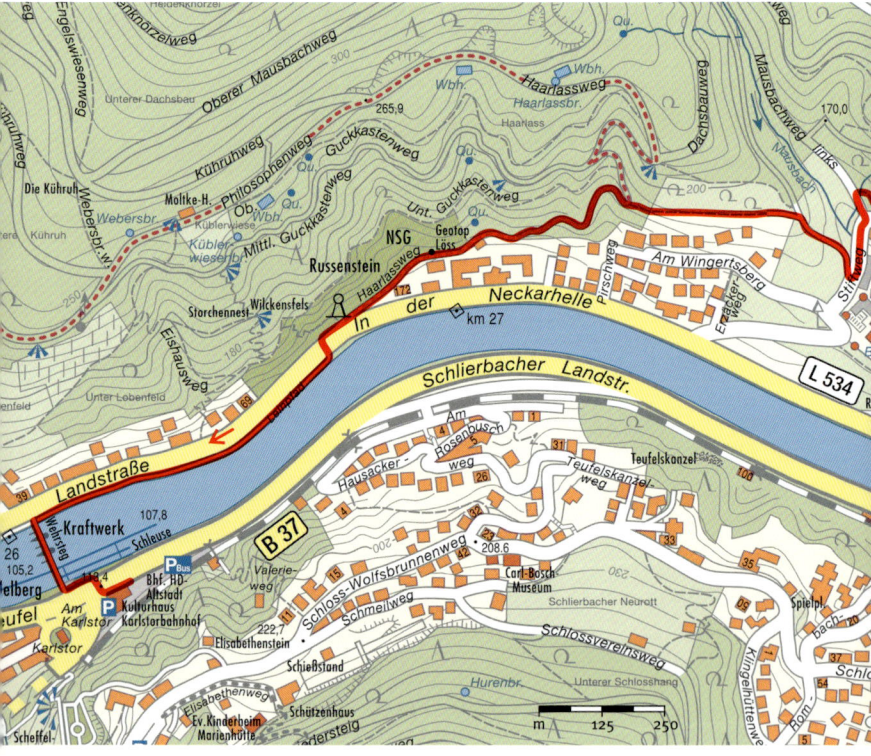

Von Schlierbach über Kloster Neuburg nach Heidelberg

■ Halbhöhenlage mit Traumblick ins Neckartal.

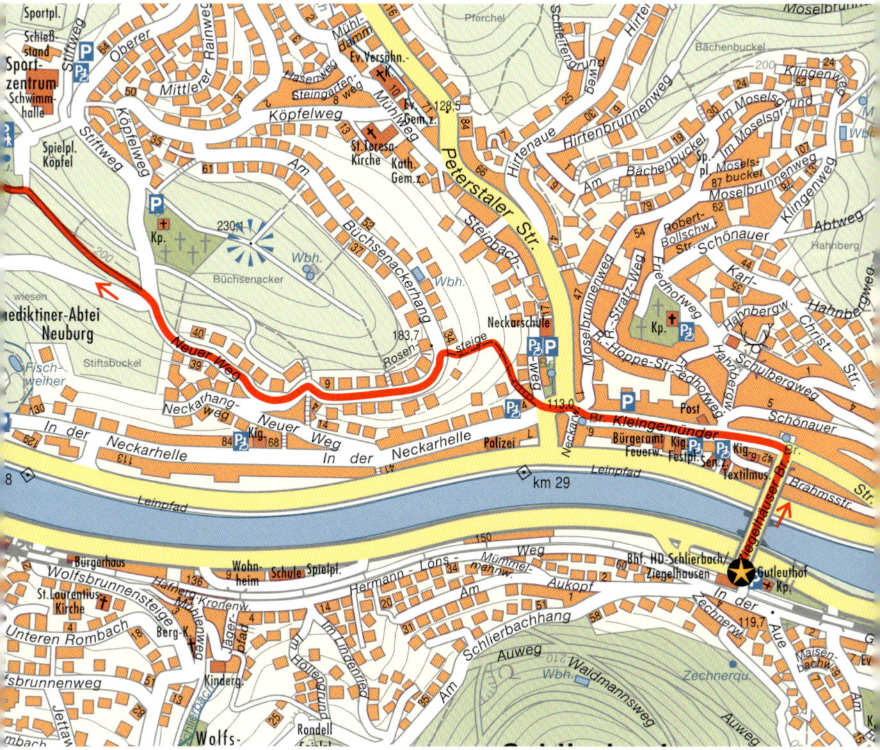

■ **Idylle pur: Blick Richtung Altstadt und Heiligenberg.**

führende **Rosensteige** ein. Oben angelangt, halten wir uns links und spazieren die schön gelegene Wohnstraße **Am Büchsenackerhang** mit modernen Villendomizilen leicht bergab weiter.

Nach einigen Schritten geht es in den wieder leicht ansteigenden **Neuen Weg**, der weiter oben im Kurvenbereich in den **Stiftweg** mündet. Wir queren diese kleine Fahrstraße und setzen unsere Wanderung auf einem Fußweg auf der gegenüberliegenden Straßenseite fort. Von diesem Fußpfad aus bietet sich ein herrlicher Panoramablick auf das Neckartal mit der Heidelberger Altstadt, der Karl-Theodor-Brücke und den luftigen Höhen des Odenwaldes. Direkt unterhalb liegt das *Stift Neuburg*, eine Benediktinerabtei, in der derzeit rund 15 Mönche leben.

Wir biegen kurz in den Wald ein und halten uns an der nächsten Möglichkeit (circa 15 Meter) wieder links. Dieser abschüssige Fußweg mündet nach einer leichten Rechtskurve in eine Weggabelung. Wir wählen den linken Waldpfad und gelangen so über eine langgezogene Serpentine ins Mausbachtälchen. Dort halten wir uns unten links. Nach einigen Wirtschaftsgebäuden der Abtei Neuburg und Tiergehegen erreichen wir den Hofladen mit Gastronomie, eine gute Möglichkeit für eine Rast oder einen Einkauf. Wer möchte, kann auch einen Abstecher zur schön gelegenen Benediktinerabtei machen. Dafür geht man am besten den Stiftweg ein paar Schritte weiter bergab und folgt an der nächsten Rechtskurve der Klostereinfahrt nach links.

■ **Gotische Mauer im Stift Neuburg.**

■ **Kloster im Herbstglanz.**

Das um 1130 durch die Reichsabtei Lorsch gegründete Benediktinerkloster »Niwenburg« hatte eine wechselhafte Geschichte, denn bereits 1195 erfolgte auf Initiative Konrad von Staufens die Umwandlung in ein Benediktinerinnenkloster. 1303 wurde auf Bestreben des benachbarten Klosters Schönau ein Zisterzienserinnenkloster daraus, und um 1460 kehrte es unter dem Einfluss von Kurfürst Friedrich I. zur benediktinischen Observanz zurück. Im 16. Jahrhundert schlossen sich viele der Nonnen der Reformation an und verließen das Kloster. 1562 kam nach dem Tod der Äbtissin das Aus, und das Kloster wurde erst in ein »Stift für die Gesellschaft von tugendhaften Frauenzimmern«, dann zum Armenhaus umgewandelt.

Zur Zeit der Gegenreformation fiel das Kloster 1706 in die Hand der Jesuiten, wo es bis zum Verbot des Ordens 1773 blieb. Nach der erneuten Auflösung ging es 1804 in den Besitz des Musikliebhabers Ludwig Hout über. Er war mit Carl Maria von Weber befreundet, der hier oben zu seinem »Freischütz« inspiriert worden sein soll. Ab 1825 diente das Gebäude dann als Sommersitz für Johann Friedrich Heinrich Schlosser. Der aus einer angesehenen Frankfurter Familie stammende kaiserliche Rat Schlosser war Schriftsteller und Freund Goethes, wodurch in der ehemali-

■ **Hofladen mit Befestigungsmauern des Stifts.**

■ **Leben wie im Süden: Villen am Neckarufer.**

gen Klosteranlage ein regelrechter Goethe-Kult entstand. Infolgedessen entwickelte sich der malerisch über dem Neckar gelegene Ort zu einem Refugium der Heidelberger Romantiker. Nach dem Tod Schlossers 1851 bzw. nach dem Tod seiner Ehefrau Sophie Charlotte erbte die verwandte Familie von Bernus die Anlage, die weiterhin die Nähe zu Dichtern, Musikern und Philosophen pflegte.

Bis 1926 blieb die Anlage im Besitz der Familie, und berühmte Persönlichkeiten wie Carl Maria von Weber, Joseph Görres, der Freiherr von Stein, Johannes Brahms, Joseph von Eichendorff, Clemens Brentano, Rudolf Steiner, Hermann Hesse, Stefan George, Rainer Maria Rilke oder Klaus Mann waren hier zu Gast. 1926 wurde Neuburg dann an die Erzabtei Beuron verkauft, die

es wieder in ein Benediktinerkloster verwandelte. Die Neugestaltung der Klosterkirche wurde am 14. Juli 2011 vom Bund Deutscher Architekten mit der Hugo-Häring-Auszeichnung des Landesverbandes Baden-Württemberg prämiert.

Der Wanderweg führt uns nun direkt gegenüber der Einfahrt zum Gastronomiebereich hinauf zum Wald.

Am Waldrand halten wir uns links und wandern dann für längere Zeit den relativ gerade verlaufenden Weg weiter, der zwischen Bäumen immer mal wieder kurze Ausblicke auf das Neckartal und die vereinzelte Villenbebauung am unterhalb liegenden Hang erlaubt. Verfallene Trockenmauern aus Buntsandstein und alte Wegesteine erinnern noch an den längst aufgegebenen Weinberg des Stifts. An der nächsten Kreuzung folgen wir dem Wegestein Richtung Heidelberg und Haarlass und gelangen nun über mehrere Biegungen und Windungen auf dem nach einem Ziegeleibesitzer aus dem 14. Jahrhundert benannten **Haarlassweg** wieder hinunter zum Neckar.

Von hier aus folgen wir dem begleitenden Fußweg unterhalb der Straße **In der Neckarhelle**, die bald in die **Ziegelhäuser Landstraße** übergeht. Malerische Ausblicke auf die vielfältige Flusslandschaft mit Schlossruine und Altstadt auf der linken, und, falls wir in der Ziegelhäuser Landstraße den oberen Fußweg wählen, prächtige Villenbebauung auf der rechten Seite begleiten uns nun auf dem nächsten Abschnitt.

Nach kurzer Zeit erreichen wir den **Wehrsteig**, über den wir zum **S-Bahnhof Heidelberg-Altstadt** gelangen, dem Ausgangpunkt von Tour 3. Von hier besteht die Möglichkeit, mit der S-Bahn oder zu Fuß analog zur Tour 3 wieder nach Schlierbach zurückzugelangen.

■ **Frühlingserwachen am Neckarufer.**

Über den Philosophenweg und die Hirschgasse zum Neckarstrand

Tourenbeginn und -ende:
Straßenbahnhaltestelle Brückenstraße, Neuenheim

Straßenbahnhaltestelle Brückenstraße: *Linien 5, 23*

Tourenlänge: *circa 5,5 Kilometer*

Höhenunterschiede: *circa 90 Meter*

Einkehrmöglichkeiten:
Gastronomie in Neuenheim

Wir beginnen diese Rundtour an der **Straßenbahnhaltestelle Brückenstraße** im Stadtteil Neuenheim, gehen die Brückenstraße kurz Richtung Neckar und biegen nach links in die Ladenburger Straße ein.

Gegenüber der Bergstraße windet sich der ausgeschilderte **Philosophenweg** zwischen einigen fast völlig eingegrünten gründerzeitlichen Villen und dem *Physikalischen Institut* bergauf. Der nach Plänen von Friedrich Ostendorf zwischen 1910 und 1913 entstandene schlossartige Universitätskomplex war das erste Institut, das aus den engen Altstadtgassen auf die gegenüberliegende Neckarseite verlegt wurde.

Diese Baumaßnahme wurde auf Wunsch des Physikers Philipp Lenard durchgeführt, der dies als Bedingung an seine Berufung nach Heidelberg knüpfte, unter anderem weil für die empfindlichen Apparaturen eine absolut ruhige Umgebung benötigt wurde.

Nachdem die noble Wohnbebauung im steilen Wegabschnitt gewichen ist, begleiten uns schöne Natursteinmauern aus Buntstandstein auf der einen und wunderschöne Ausblicke auf der anderen Seite auf dem Wanderweg, der nun fast eben durch den ehemaligen Heidelberger Hausweinberg führt. Nach kurzer Zeit erreichen wir die *Eichendorff-Anlage* mit dem *Philosophengärtchen*, einem hübsch angelegten sonnigen Plätzchen mit

■ Mondänes Wohnen am Philosophenweg.

vielen exotischen Pflanzen: Ideal um im Gras oder auf dem Mäuerchen zu dösen und gleichzeitig die herrliche Aussicht auf Heidelberg zu genießen. Der Philosophenweg ist heute der Inbegriff der Heidelberger Romantik und lockte schon in früheren Jahrhunderten durch die herrlichen Ausblicke auf Stadt und Schloss sowie seine milde, sonnige Lage Studenten, Künstler und so manche Tagträumer aus der Stadt. Der 1817 vom Großherzoglich-badischen Ordnungsamt gegen den erbitterten Widerstand der Winzer durchgesetzte und

um 1840 zum Flanieren ausgebaute Weinbergpfad zählt heute zu den schönsten Panoramawegen Deutschlands.

Hier oben ist schon so manches bekannte und weniger bekannte Gedicht und Gemälde entstanden, und es kommt einem bei dem Ausblick der vielleicht etwas abgedroschene Schlager von Friedrich Raimund Vesely in den Sinn: *Ich hab' mein Herz in Heidelberg verloren,/In einer lauen Sommernacht …*

Auch unter geoökologischen Gesichtspunkten ist der Weg eine Be-

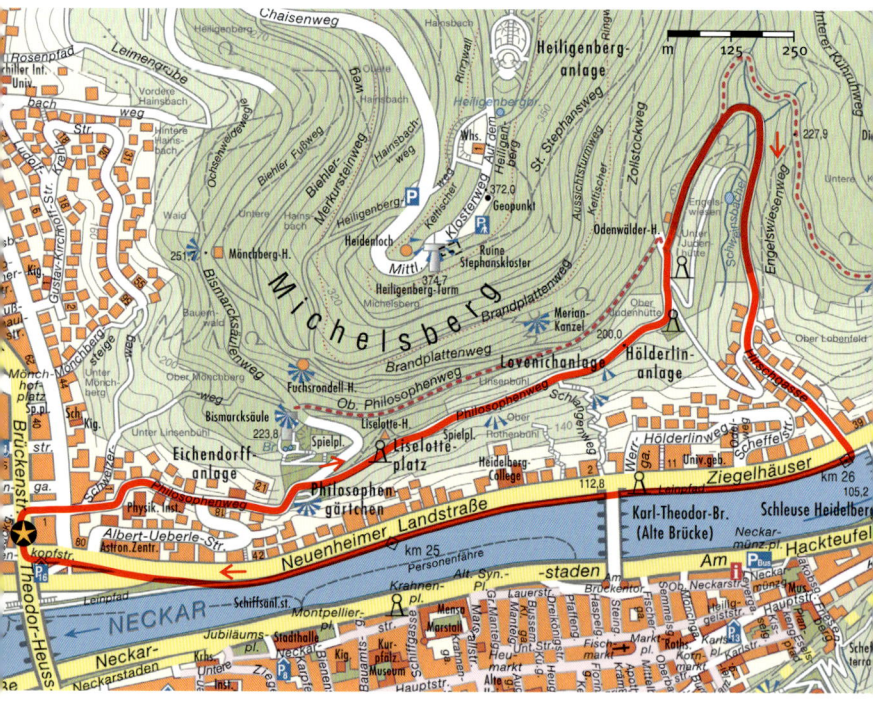

■ **Zum Dösen und Philosophieren wie geschaffen:
das Philosophengärtchen.**

sonderheit: Auf dieser idyllischen Klima-Insel, die zu den wärmsten Stellen Deutschlands zählt, gedeihen exotische Pflanzen wie die japanische Wollmistel, der spanische Ginster und die portugiesische Kirsche. Selbst Zitrone, Granatapfel, Bambus, Palme und Pinie kann man hier oben entdecken, und die sonnenexponierten Trockenmauern bieten Lebensraum für unzählige Mauereidechsen. Eine Büste des berühmten Romantikers Joseph von Eichendorff erinnert an den schlesischen Dichter und Schriftsteller, der in Heidelberg mehrere Monate studiert hat. Oberhalb davon bietet ein kleiner Imbissstand Erfrischungen an, denn ein leerer Magen philosophiert bekanntlich nicht gern.

Wir gehen weiter und erreichen nach kurzer Zeit den **Liselotteplatz** mit Aussichtsbänken und dem 1908 aufgestellten Gedenkstein für Liselotte von der Pfalz. Bei einem plötzlich auftretenden Gewitter bietet die Liselotte-Hütte auf der linken Seite die Möglichkeit, einer völligen Durchnässung zu entgehen. Nach einigen weiteren Schritten erreichen wir einen längeren Wegabschnitt mit zauberhaften Ausblicken auf die Heidelberger Altstadt mit dem Neckar und dem dahinter liegenden Königstuhl. Wir passieren einige Ruhebänke und sehen rechter Hand einen Schaukasten mit der Abbildung eines Kupferstichs von Matthäus Merian von 1620. Er zeigt sehr anschaulich, wie die Stadt vor ihrer Zerstörung

■ **Sehnsuchtsblick: Aussicht vom Philosophenweg.**

ausgesehen hat. Leider ist die Sicht mittlerweile etwas zugewachsen, so dass ein direkter Vergleich hier kaum noch möglich ist.

Auf der rechten Seite bietet der sich steil nach unten schlängelnde Schlangenweg die Möglichkeit, die

■ **Gedenkstein für die Freischaren.**

Tour abzukürzen und direkt zur Alten Brücke zu gelangen. Andernfalls gehen wir den Aussichtsweg weiter und erreichen kurz vor dem Waldrand auf der rechten Seite die *Hölderlinanlage*. Der Hölderlinstein erinnert an den schwäbischen Dichter Friedrich Hölderlin und seine um 1800 geschriebene Heidelberg-Ode, die mit den berühmten Worten über die Neckarstadt beginnt: »Lange lieb' ich dich schon, möchte dich, mir zur Lust, Mutter nennen, und dir schenken ein kunstlos Lied, Du, der Vaterlandsstädte Ländlich-schönste, soviel ich sah…«.

Der Weg schwenkt nun kurz in nordöstliche Richtung, und wir passieren die Odenwälder Hütte, eine hübsche hölzerne Schutzhütte aus der Zeit um 1900. Kurze Zeit später erinnert ein Gedenkstein mit Informationstafel an die im Wald noch erkennbaren *Freischarenschanzen*, an denen es am 21. Juni 1849 zum Gefecht zwischen badischen Freischaren und den von Neuenheim her vordrängenden preußischen Truppen kam. Heidelberg war kurz zuvor Hauptquartier der revolutionären Freischaren geworden, die hier oben Schanzen zur Sicherung des Brückenzugangs ausgehoben hatten. Die Anhänger um die badischen Revolutionsführer Friedrich Hecker, Gustav Struve und mehrere andere Radikaldemokraten wollten die Ziele der von Baden ausgegangenen Märzrevolution von 1848 verwirklichen und einen demokratisch verfassten, einheitlichen deutschen Nationalstaat errichten. Die auf alle deutschen Fürstentümer übergreifende Revolution wurde bis Juli 1849 von preußischen und österreichischen Truppen blutig niedergeschlagen.

Nach einigen Metern folgen wir dem nach unten führenden Waldweg Richtung **Hirschgasse** und spazieren bald durch ein hübsches Wohngebiet in einem beschaulichen Tälchen. Je weiter wir nach unten gelangen, desto villenartiger

■ **Schöner wohnen an der unteren Hirschgasse.**

■ **Villenträume: Bebauung am Neckarufer.**

werden die Domizile, und ab dem traditionsreichen Gourmetrestaurant Hirschgasse wären wir im Monopoly-Spiel in der Schlossallee angelangt. Schließlich erreichen wir das Neckarufer mit der **Ziegelhäuser Landstraße**, in der wir uns rechts halten. Mondäne gründerzeitliche Stadtvillen in schönen Gärten auf der einen, herrliche Ausblicke auf Neckar und Heidelberger Altstadt auf der anderen Seite und knorrige Platanen im mittleren Blickfeld begleiten uns nun im nächsten Wegabschnitt.

Max-Weber-Haus

Jede dieser Villen könnte wohl eine lange Geschichte über ihre Bewohner erzählen. Herausragend ist das 1847 im Stil des romantischen Klassizismus erbaute *Max-Weber-Haus* (Nummer 17), das ab 1910 zum Wohnort des Nationalökonomen, Juristen und Soziologen Max Weber wurde. Er und seine Ehefrau Marianne entwickelten die Idee zu den regelmäßigen »Sonntagsgesprächen«, in denen sie sich mit liberalen Geistesgrößen wie Karl Jaspers, Ernst Bloch, Gustav Radbruch oder Karl Mannheim austauschten. Seit 1992 ist das Gebäude Sitz des Internationalen Studienzentrums der Universität sowie der Max-Weber-Gedächtnisstätte.

An der Alten Brücke besteht die Möglichkeit, die Tour in der Altstadt zu beenden. Andernfalls wandern wir entlang der **Neuenheimer Landstraße** am Neckarufer zurück nach Neuenheim. Auf unserem Weg kommen wir an einem beliebten Uferabschnitt mit Liegewiesen am Hang vorüber, wo man herrlich in der Abendsonne dösen und den Blick hinüber zur Altstadt schweifen lassen kann. Schließlich erreichen wir die **Berg-** und dann die **Ladenburgerstraße**, über die wir wieder zum Ausgangspunkt **Straßenbahnhaltestelle Brückenstraße** gelangen.

■ **Liegewiese am Neckarstrand.**

TOUR 6 FASSADEN, SCHLEMMEN, GARTENTRÄUME

Rundgang durch Neuenheim

Tourenbeginn und -ende:
Straßenbahnhaltestelle Brücken-straße, Neuenheim

Straßenbahnhaltestelle Brücken-straße: *Linien 5, 23*

Tourenlänge: *circa 5 Kilometer*

Höhenunterschiede: –

Einkehrmöglichkeiten:
Gastronomie in Neuenheim

Wir beginnen diese Rundwanderung an der **Straßenbahnhaltestelle Brückenstraße** und gehen die **Brückenstraße** einige Schritte stadtauswärts bis zur **Schröderstraße**, in der wir uns rechts halten. Über diese großstädtische Straße mit prächtigen Mietshäusern gelangen wir in die **Bergstraße**, in die wir links einbiegen.

Die hübsche Wohnstraße führt uns an vielen herrschaftlichen Stadtvillen mit Türmchen, Törchen, Erkern und kunstvoll gearbeiteten Steinfriesen aus der Zeit der vorigen Jahrhundertwende vorbei. Schön angelegte Gärten geben den steingewordenen Wohnträumen ihren würdigen Rahmen. Für den Fassadenschmuck der prachtvollen Wohndomizile wurde in sämtlichen Schubladen der Architekturgeschichte gekramt. Im extremsten Fall zieren barocke Engelchen Renaissancebalustraden über gotischen Hauseingängen. Meist entschied man sich aber für einen bis zwei Stile. In der Bergstraße sind es vor allem Architekturelemente aus dem Barock bzw. dem Rokoko, dem Klassizismus und der Renaissance. Den zu dieser Zeit modernen Jugendstil findet man nur an wenigen Häusern, in der Bergstraße bevorzugte man es klassisch mondän. Ein Beispiel mit schönen Jugendstildetails, vor allem im Eingangsbereich, sehen wir an Haus Nummer 33. Schräg gegenüber, am Haus Nummer 58, versuchten sich die

■ **Oben: Wie zu Kaisers Zeiten: die Schröderstraße.**
Unten: Jugendstildetail in der Bergstraße.

Architekten an einem spannenden Stilmix aus Renaissance- und klassizistischen Empireelementen. Ab Gebäude Nummer 68 scheinen die verschiedenen Bauherrschaften eine besondere Affinität zu stattlichen Erkern mit Turmaufbauten gehabt zu haben. Offensichtlich haben sich hier Nachbarn gegenseitig mit ihren Stilideen beflügelt und wollten sich dabei übertrumpfen. Etwas aus dem Rahmen des nachbarschaftlichen Umfelds fällt die ganz im gotischen Stil gehaltene Villa Nr. 82.

Wir gehen weiter und stellen fest, dass sich zunehmend moderne Häuser zwischen die altehrwürdigen Bauten mischen. Die Bebauung mit noblen Heimstätten erstreckt sich nun bis hoch zum Waldrand. Für die damalige Zeit sehr modern präsentiert sich die 1912 durch die Karlsruher Architekten Hermann Billing und Wilhelm Vittali errichtete Villa Heinsheimer (Nummer 86). Sie war das Wohnhaus des Universitätsrektors Professor Karl Heinsheimer, der vor allem durch sein Sammelwerk »Zivilrecht der Gegenwart« in Erinnerung geblieben ist. Die eher nüchtern gehaltene Fassade zeigt erste Tendenzen zur Moderne, und der überdachte, zum Eingang führende Aufgang galt damals wohl als der letzte Schrei.

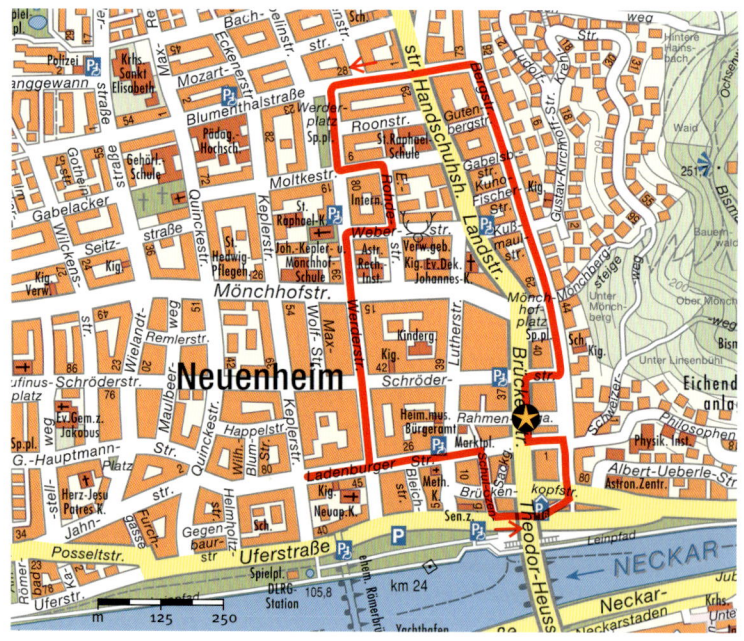

Rundgang durch Neuenheim

■ **Gründerzeitliche Wohnträume in der Blumenthalstraße.**

Die Bergstraße steigt allmählich etwas an, und wir halten uns an der **Blumenthalstraße** links. Weitere glanzvolle Stadthäuser aus der Gründerzeit und der letzten Jahrhundertwende begleiten uns weiter bis zur **Werderstraße** und dem **Werderplatz**. Eine Villa unterscheidet sich hier von allen anderen, denn der Bauherr wünschte sich offensichtlich sehnlichst, wie in Tirol zu leben. So entstand bei Haus Nummer 17 ein Berghof mit üppigen geschnitzten Holzverzierungen und »bayrischen Lüftelmalereien«, oder das, was man sich in Heidelberg darunter vorstellte. Dagegen

sieht das eher im Schwarzwaldstil gestaltete Nachbarhaus relativ farblos aus.

Ein paar Schritte weiter (Nummer 21) sehen wir das imposante Haus Hampe/Fraenkel, das der Karlsruher Architekt Gisbert von Teuffel ab 1913 für den Historiker Karl Hampe geplant hatte. Hinter der symmetrischen Hauptfassade mit barockähnlichem Mansardendach verbergen sich jedoch zwei ganz unterschiedliche Hausteile, denn schon während der Bauphase verkaufte Hampe den nördlichen Teil an den Begründer der Strophanthin-Therapie, Professor

■ **Villa Gothein: Amüsantes Detail am Erker.**

Albert Fraenkel, der mit den bisherigen Grundrissen so gar nicht einverstanden war. Am Werderplatz halten wir uns kurz links und gönnen uns, weil's hier so schön ist, einen Schlenker nach links über die **Moltkestraße**, kommen dann rechts durch die **Erwin-Rohde-Straße** bis zur **Weberstraße**, in die wir wiederum rechts einbiegen. Überall stehen Villen in den unterschiedlichsten Formen, Größen und Stilen, die in dieser Fülle an die großen Villenkolonien in Berlin-Grunewald oder am Wannsee erinnern.

Auf der linken Seite der Weberstraße sehen wir das einstige Wohnhaus von Eberhard Gothein (Nummer 11) mit originellem Erkeranbau und schönen Jugendstildetails. Der aus Breslau stammende Professor für Volkswirtschaft lehrte von 1904 bis 1923 an der Universität Heidelberg, wo er den Lehrstuhl Max Webers für Nationalökonomie übernommen hatte. 1914 wurde er zum Rektor der Universität Heidelberg ernannt und erlebte in dieser Funktion mit großer Sorge die deutsche Mobilmachung und den Beginn des Ersten Weltkrieges. Während seiner universitären Arbeit war er ein wichtiger Berater von Großindustriellen wie Peter Klöckner und Hugo Stinnes und später auch Fritz Thyssen.

Wir gehen nun direkt auf die katholische *St.-Raphael-Kirche* zu, die 1905 ganz im Stil der italienischen Romanik erbaut wurde. Der Turm bzw. der Campanile erinnert an venezianische Vorbilder, während sich die Fassade mit ihren der Wand vorgeblendeten Arkaden eindeutig an für die italienische Stadt Pisa typischen Stilelementen orientiert. Den Italienbezug verdankt die Kirche dem Wunsch der italienbegeisterten Frankfurter Bankiersfamilie von Erlanger, die eine umfangreiche Spende für den Kirchenbau zum Gedächtnis an ihren früh verstorbenen Sohn, den Heidelberger Zoologieprofessor Raphael Baron Slidell, Freiherr von Erlanger, gab. Auf Drängen der Familie wurde die Kirche ihm zu Ehren dem Erzengel Raphael geweiht.

Der Architekt und Leiter des erzbischöflichen Bauamtes Ludwig Maier schuf hier einen modernen Einheitsraum mit nur wenig erhöhtem Chor und gewährleistete so eine enge Verbindung zwischen Gemeinde und Altar. Das Innere der Kirche besticht durch eine gelungene Symbiose zwischen histo-

■ **Bella Italia in Neuenheim: St. Raphael.**

■ **Stimmungsvoller Innenraum von St. Raphael.**

rischer Bausubstanz und modernen Elementen. Dies kommt besonders im eindrucksvoll gestalteten Altarraum und einigen in schönen Farben gehaltenen Glasfenstern zum Ausdruck.

Wir halten uns nun links und spazieren die Werderstraße Richtung Neckar weiter. An der Kreuzung mit der Mönchhofstraße sehen wir rechter Hand das imposante Schulgebäude der *Mönchhofschule* alias Johannes-Kepler-Realschule. Der 1905 fertiggestellte Jugendstilbau war lange Zeit zweigeteilt. Im rechten Flügel befand sich die Mädchenschule, während im bereits zwei Jahre zuvor erbauten linken Teil die Jungs die

Schulbank drückten. Später wurde der Trakt der Knabenschule zur Mittelschule erhoben, während der rechte Teil Volksschule blieb. Sowohl an der Außenfassade als auch in den Gängen, Treppenhäusern und sogar in der Turnhalle haben sich noch schöne Jugendstildetails erhalten.

Wir gehen die Werderstraße weiter stadteinwärts und kommen an prächtigen Mehrfamilienhäusern von der letzten Jahrhundertwende vorbei. Während einige mit schönen Jugendstildetails glänzen, bestechen andere mit ihren typischen Stilelementen der Gründerzeit.

So besitzt das Doppelgebäude Nr. 40 / 42 einen imposanten Fassadendekor aus Rokoko- und Jugendstilelementen und der gemeinsame Giebel der prächtigen Stadthäuser Nummer 36 und 38 wird von einem eindrucksvollen Frauenbildnis gekrönt, das von zwei fauchenden Raubkatzengesichtern bewacht wird. Bezaubernde und teilweise auch originelle Jugendstildetails wie ein Affenkopf oberhalb des Eingangs finden wir am 1902 erbauten Jugendstilgebäude Nummer 20. Mit gesenktem Haupt mussten damals wohl die Bewohner von Haus Nummer 29 durch die Straße gehen, das auch heute noch in seiner schnörkellosen Einfachheit im harten Kontrast zur feudalen Nachbarschaft steht.

Neuenheim

Neuenheims Name irritiert, denn es überflügelt Heidelberg, was das Alter betrifft, bei weitem. Das Dorf wurde erstmals 765 n. Chr. im Lorscher Codex erwähnt, dürfte aber bereits im 6. Jahrhundert entstanden sein. In römischer Zeit befand sich auf dem Gebiet des heutigen Neuenheim ein Militärlager mit Neckarbrücke. Außerdem kamen bei Grabungen Reste eines Mithräums sowie eine von dem Römer Publius Attius Rufinus betriebene Ziegelei an die Oberfläche. Das Dörfchen auf der Nordseite des Neckars war lange Zeit Heimat von einfachen Bauern, Winzern und Fischern. Ab der

■ **Großbürgerliche Mehrfamilienhäuser in der Werderstraße.**

Reichsgründung 1871 und insbesondere nach der Eingemeindung nach Heidelberg im Jahr 1891 gewann die Entwicklung Neuenheims an Fahrt, und der neue Stadtteil entwickelte sich zur feinen Adresse. Heute ist er nicht nur ein begehrter Wohnort, sondern auch ein beliebtes Ausgehquartier. Besonders an der Kreuzung Neuenheimer Landstraße/Bergstraße und auf dem Platz um den Chor der ehemaligen »Neiener« Dorfkirche St. Johannes der Täufer an der Ladenburger Straße wird bei schönem Wetter an allen Ecken und Enden getrunken und gespeist. Wer seinen Gaumen besonders verwöhnen möchte, begibt sich in die Brückenstraße, in der sich inzwischen einige Gourmetrestaurants etabliert haben.

■ **Lebendiges Quartier mit historischem Charme: Neuenheim.**

■ **Fantasievolle Steinmetzkunst: Jugendstil in der Werderstraße.**

Wir gehen die prachtvolle Werderstraße ganz hindurch, bis wir die **Ladenburger Straße** erreichen. Die Häuser sind etwas einfacher, aber auch hier geizen die Fassaden nicht mit originellem Dekor. Wer sich für Jugendstil interessiert, der macht zunächst einen kurzen Abstecher nach rechts und erreicht nach wenigen Schritten ein besonderes Zeugnis des Jugendstils in Heidelberg. Am 1904 erbauten Haus Nummer 58 beäugt ein mondäner Frauenkopf in den schönsten Formen des Jugendstils etwas gelangweilt, fast argwöhnisch das muntere Treiben in der Straße, während das aus einer Blumenwiese herausblickende Mädchengesicht am linken unteren Fenster den vorbeiziehenden Nachbarn gegenüber wesentlich aufgeschlossener zu sein scheint.

Man könnte sich gut vorstellen, dass es sich bei den Gesichtern um Mutter und Tochter handelte. Ein steinernes Facebook unserer Vorfahren. Das Mehrfamilienhaus entstand bereits 1889 und wurde erst durch den bekannten, aus Ungarn stammenden und in Berlin lebenden Architekten Sanmicheli Wolkenstein zum Jugendstildomizil umgemodelt. Hier machen wir kehrt und wandern die Ladenburger Straße Richtung Osten. Dabei kommen wir an einem weiteren

■ **Traumwelt: Jugendstil in Neuenheim.**

imposanten Jugendstilbau (Nummer 24) vorbei und erreichen den charmanten **Neuenheimer Marktplatz** mit Teilen der alten Dorfkirche *St. Johannes der Täufer*. Die heute fast archaisch anmutende sakrale Ruine wurde bereits 1137 urkundlich erwähnt und gehört damit zu den ältesten Kirchenbauten Heidelbergs. Das beeindruckende Überbleibsel des im Pfälzer Erbfolgekrieg bis auf Chor und Turm zerstörten Gotteshauses stammt von einem spätgotischen Nachfolgebau aus dem 16. Jahrhundert. Das im 18. Jahrhundert neu aufgebaute

Langhaus wurde 1906 im Zuge der Umwandlung des alten Friedhofes zum Dorfplatz abgerissen. Die 1899 bis 1902 ebenfalls von Hermann Behaghel erbaute neue Johanneskirche sollte ursprünglich anstelle der alten Dorfkirche entstehen. Nicht zuletzt Kostengründe verhinderten dies, und wie ein Wunder blieb der malerische Kirchenrest bis heute erhalten. Kleine Winzer- und Fischerhäuser säumen neben gründerzeitlichen Stadthäusern den hübschen baumbestanden Platz, und an lauen Sommerabenden fühlt man sich bei dem munteren Treiben in den vielen Gartenlokalen an einen alten Dorfplatz in Frankreich versetzt.

Wir wandern nun durch die östlich des Platzes verlaufende malerische **Schulzengasse**, eines der letzten dörflichen Überbleibsel des ursprünglichen Neuenheims, in Richtung Neckar weiter und erreichen nach kurzer Zeit die **Uferstraße**. Auf der rechten Seite entdecken wir am Eckgebäude Nummer 8 sowie am daneben liegenden Wohnhaus Nummer 8a ein ganzes Sammelsurium an originellen Jugendstildetails wie glupschäugige Frösche oder etwas verdrießlich dreinschauende Männergesichter mit kahlen Häuptern. Das Doppelgebäude gehört zu den originellsten Jugendstilhäusern in Heidelberg.

Zwischen Straße und Neckar erstreckt sich die **Neckarwiese**, auf der sich an schönen Tagen ein buntes Völkchen tummelt, um die Sonne im Liegen oder beim Spielen

■ **Südliches Flair um die alte Johanneskirche.**

■ **Erholungsoase in der City:
die Neckarwiese.**

zu genießen. Sie ist auch Austra-
gungsort zahlreicher offizieller und
inoffizieller Veranstaltungen.

Wir unterqueren die **Theodor-
Heuss-Brücke** und folgen dem
nächsten nach links hoch führenden
Sträßchen, bis wir auf die Kreuzung
der **Brückenkopfstraße** mit der **Berg-**

straße stoßen. Durch den verbreiterten Straßenraum öffnet sich hier ein Plätzchen, das durch Bebauung und charmante Straßencafés im Sommer ebenfalls etwas Französisches hat.

Nun folgen wir der **Bergstraße** in nördliche Richtung, spazieren die **Ladenburger Straße** nach links und erreichen so wieder den Ausgangspunkt in der **Brückenstraße**.

TOUR 7 MÜHLEN, ELEFANTEN, WASSERBURG

Rundgang durch Handschuhsheim

Tourenbeginn und -ende: *Hans-Thoma-Platz in Handschuhsheim*

Straßenbahnhaltestelle Hans-Thoma-Platz: *Linien 5, 21, 23, 24*

Tourenlänge: *circa 5,5 Kilometer*

Höhenunterschiede: *circa 90 Meter*

Einkehrmöglichkeiten:
Gastronomie in Handschuhsheim

Wir beginnen diese Tour am **Hans-Thoma-Platz** an der gleichnamigen Straßenbahnhaltestelle, gehen die **Dossenheimer Landstraße** kurz Richtung Norden und biegen nach wenigen Schritten nach rechts in die **Kriegsstraße** ein. Einfache, aber trotzdem schmucke Mehrfamilienhäuser aus der Gründerzeit säumen die Straße. Nach der Tiefburgschule weitet sich die Straße zu einem Platz, und auf der rechten Seite reckt sich der imposante Bau der evangelischen *Friedens-kirche* selbstbewusst in die Höhe. Das mächtige Bauwerk mit dem 61 Meter hohen Kirchturm entstand in einem überbordenden architektonischen Stilmix aus Neogotik, Neorenaissance und Jugendstil zwischen 1908 und 1910 nach Plänen des bedeutenden Heidelberger Kirchenbauers Hermann Behaghel.

Sie bildet mit dem Pfarrhaus und dem kapellenartigen Konfirmandensaal ein malerisches Ensemble und entwickelte sich rasch zu einem Wahrzeichen des Stadtteils. Leider ist sie, wie die meisten protestantischen Kirchen hierzulande, außerhalb der Gottesdienstzeiten meist geschlossen und kann normalerweise nur von außen besichtigt werden. Dahinter sehen wir die Ruinen der Tiefburg, die wir am Ende der Tour besuchen.

An der nächsten Kreuzung gehen wir auf der schönen **Mühltalstraße** mit einigen idyllischen Seitengässchen und Winkeln nach rechts, queren den hübschen **Erich-**

■ **Imposant: Friedenskirche.**

Hübner-Platz mit Gebäuden aus der vorigen Jahrhundertwende und folgen kurz der **Handschuhshei-mer Landstraße.**

Eine alte Geschichte erzählt, dass der erstmals 765 im Lorscher Codex als »Hantscuhesheim« erwähnte Ort nach einem von einem Ritter verlorenen Handschuh benannt wurde, den eine Magd gefunden und zurückgegeben haben soll, worauf sich der Ritter in diese verliebte und sie heiratete. Trotz der märchenhaften Romantik dieser Legende klingt die nüchterne Erklärung plausibler, wonach die Benennung auf einen frühmittelalterlichen Gutsbesitzer namens Ansco zurückgehen soll. Aus Anscosheim habe sich schließlich Handschuhsheim entwickelt, das im lokalen Dialekt »Hendesse« ausgesprochen wird. Das sind natürlich immer nur Hypothesen, und vielleicht haben sich ja auch die allerersten »Hendsemer« mit dem Nähen von Handschuhen ihr Brot verdient. In der Tiefburg, damals noch am Ortsrand, bewirtschaftete das Ministerialen-Geschlecht der Herren von Handschuhsheim ein

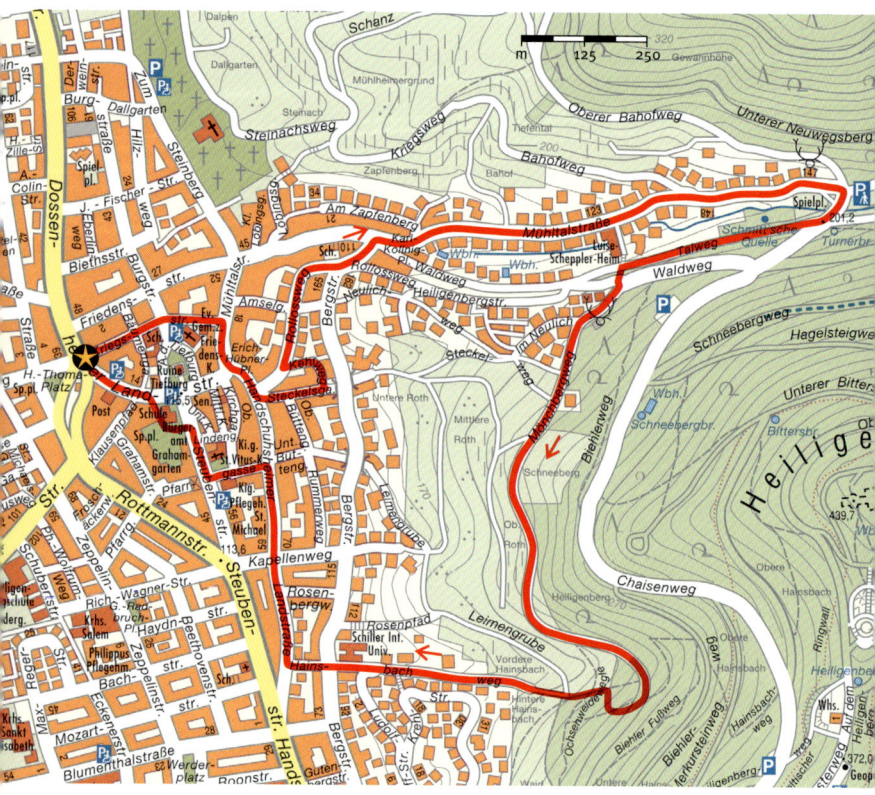

Lehnsgut. Mit dem Kloster Lorsch gelangte Handschuhsheim zuerst an Kurmainz, 1461 schließlich an die Kurpfalz. Zu Beginn des Dreißigjährigen Krieges diente der Ort dem kaiserlichen General Tilly als Hauptquartier für die Eroberung Heidelbergs, und im Pfälzischen Erbfolgekrieg wurde es mitsamt der Tiefburg fast völlig niedergebrannt. Seit 1903 ist Handschuhsheim ein Stadtteil von Heidelberg und hat sich seither kräftig ausgedehnt.

Nach einigen Schritten biegen wir links in die **Steckelsgasse** ein und wandern die beschauliche Dorfgasse bergauf, bis uns der schmale **Kehrweg** auf der linken Seite auf ein noch heimeligeres Pflaster leitet. Man mag es kaum glauben, dass das vergleichsweise bescheidene Haus Nummer 4 in diesem abgelegen Winkel für mehrere Jahre *Theodor Heuss* beherbergte. Der spätere Bundespräsident arbeitete hier vor allem an einer Biographie über

Robert Bosch, der ihn kurz vor seinem Tod darum gebeten hatte. Zuvor hatten die Nationalsozialisten Heuss, der auch Gründungsmitglied der Deutschen Demokratischen Partei (DDP) war, das Abgeordnetenmandat aberkannt und allen Zeitungen verboten, Texte von ihm zu veröffentlichen. Heuss erlebte hier mit seiner ebenfalls prominenten Ehefrau Elly Heuss-Knapp im Haus der Schwägerin das Kriegsende und den Einmarsch der Amerikaner.

Der Weg wird nun noch schmaler und verläuft entlang einer hohen Hecke kurz in westliche Richtung, bis er in den **Rolloßweg** mündet. Wir halten uns rechts, gehen die hübsche Wohnstraße leicht bergauf und erreichen nach kurzer Zeit die **Bergstraße**, in die wir nach links einbiegen. Unser Weg führt nun wieder leicht bergab, und wir erreichen nach kurzer Zeit den **Karl-Kollnig-Platz** mit einem idyllischen Mühlengebäude (Nummer 91) am Mühlbach. Die Mühle war Teil einer ganzen Reihe florierender Mühlen im sogenannten Siebenmühlental. Sie gehörte dem Zisterzienserkloster Schönau, und ihre Geschichte reicht vermutlich bis ins 9. Jahrhundert zurück.

■ **Handschuhsheimer Impressionen.**

Handschuhsheimer Siebenmühlental

Die legendären sieben Handschuhsheimer Mühlen wurden allesamt vom Wasser des Mühlbachs angetrieben und reihten sich wie Perlen an einer Schnur entlang der Mühltalstraße. Erstmals wurde hier 891 eine dem heiligen Nazarius geweihte Mühle erwähnt. Sie stand vermutlich an der Stelle des heutigen Mühlengebäudes Nummer 91. Im 13. Jahrhundert gingen zwei Handschuhsheimer Mühlen in den Besitz des Klosters Schönau über, und bis zum Jahre 1755 klapperten am Mühlbach sechs Mühlen – Mühltalstraße 52, 67, 81, 91, 120 und 122 – deren Gebäude bis auf die oberste Mühle heute noch existieren. Die siebte Mühle (Mühltalstraße 124) entstand im 18. Jahrhundert. Von der untersten der Mühlen, heute Mühltalstraße 52, ist noch bekannt, dass sie dem Kloster Schönau gehörte und die Verpflichtung übernommen hatte, die Oblaten und Hostien für die heilige Kommunion zu liefern. Sie produzierte nach Einführung der Reformation und der Klosterauflösung noch lange das Brot für das evangelische Abendmahl. Nach dem Bau der industriellen dampfbetriebenen Mühlen in Mannheim im 19. Jahrhundert ging es mit dem Handschuhsheimer Müllerhandwerk rasch bergab, und ein Mühlrad nach dem anderen stellte sein munteres Klappern ein.

■ **Blick ins Siebenmühlental.**

■ Einst Ort harter Arbeit, heute beschauliches Heim: alte Mühle.

Wir folgen nun der **Mühltalstraße** bergauf, queren den oberhalb der Mühle aufgestauten Mühlbach und kommen durch ein beschauliches Wohnquartier mit einem bunten Gemisch an schicken, hübsch renovierten alten Wohndomizilen mit idyllischen Gärten. Das zum Wohnhaus umgebaute Gebäude Nummer 120 war jahrhundertelang die als »Obriste« oder »Obermühle« bezeichnete, ursprünglich höchste Mühle am Bach. Das etwas oberhalb liegende Mühlengebäude Nr. 124 war das jüngste in der langen Mühlentradition. Ein alter Mühlstein im Hof erinnert dort

noch an die einstige Nutzung. Oben am Waldrand queren wir an einem hübsch angelegten Waldspielplatz und Parkplatz den Mühlbach und folgen dem (unteren) **Talweg** wieder Richtung Westen zum Ort zurück.

Noch vor der Kreuzung mit dem Waldweg führt uns der mit einem blauen »B« bezeichnete **Burgenweg** auf einem Fußpfad links hoch. Oben queren wir den befahrenen Waldweg und wandern den **Mönchbergweg** weiter bergauf. Auf halber Strecke kommen wir an den bemerkenswerten Resten eines uralten Hohlweges

■ **Schöner wohnen am Talweg.**

vorüber, der laut Informationstafel schon seit der Jungsteinzeit
genutzt wurde. Zur Keltenzeit um
circa 450 n. Chr. befand sich hier
ein Zugang zur keltischen Ring-
waldbefestigung auf dem Heiligenberg. Bald haben wir den höchsten
Abschnitt des Mönchbergweges
erreicht und werden mit einem
herrlichen Blick auf Handschuhsheim, das Neckartal und die weite
Rheinebene belohnt.

Wir folgen dem ehemaligen
Weinbergweg und erreichen nach
einiger Zeit wieder den Waldrand.
Nach der ersten Rechtskurve spa-

zieren wir den auf einem steinernen Wegweiser angeschriebenen
Hainsbach Fußweg rechts hinunter
und gelangen so in den hohlweg-
artigen **Hainsbachweg** zwischen
einem gehobenen Wohnviertel auf
der einen und lauschigen Garten-
und Baumgrundstücken auf der anderen Seite. Am unteren Ende des
Wegs erscheinen auf der rechten
Seite eindrucksvolle Steingewölbe,
die das erhöhte Gelände dahinter
abstützen. Sie waren Teil einer imposanten Gartenanlage der gleich
unterhalb liegenden ehemaligen
Villa Krehl. Das 1911 von Friedrich

Ostendorf erbaute, schlossartige Domizil des Direktors der Medizinischen Klinik Ludolf Krehl war die größte Privatvilla der Stadt und besaß zudem eine prächtige Gartenanlage mit Brunnen, Grotten sowie Garten- und Teehaus. Die ganze Geschichte entbehrt aber nicht einer gewissen Tragik, denn die durch den Ersten Weltkrieg verarmte Familie Krehl hatte offensichtlich die hohen Unterhaltskosten ihres Traumschlösschens nicht bedacht und musste deshalb 1920 in ihr bisheriges Gartenhäuschen umziehen. Die Villa wurde Eigentum der evangelischen Kirche, die daraus das Schülerheim »Friedensstift« machte. Der Familie Krehl blieb nichts anderes übrig, als zuzusehen, wie nun massenhaft Schüler ihr feudales Haupthaus bevölkerten und ihr Prachtgarten in einen lärmenden Pausenhof verwandelt wurde. Bis vor kurzem hatte in dem ehrwürdigen Stadtpalast die Schiller International University ihr Domizil, die inzwischen in einen Neubau in der Heidelberger Bahnstadt umgezogen ist. Neuerdings teilen

■ **Blick vom Mönchbergweg in die Rheinebene.**

sich das »Collegium Palatinum« und das »European Study Center« Villa und Garten. An den inzwischen gründlich renovierten Gebäudekomplex erinnert nur noch das Wappen mit dem Äskulapsymbol am Eingang an den ehemaligen Klinikdirektor.

Wir gehen den **Hainsbachweg** zwischen weiteren imposanten, wenn auch nicht ganz so monumentalen Villen bergab und stoßen direkt auf die **Handschuhsheimer Landstraße**, die gleich mit weiteren Sehenswürdigkeiten auf uns wartet. Die imposanten Jugendstilhäuser Nummer 35/37 und 39 sind eine wahre Augenweide für Liebhaber

dieser exzentrischen Architekturvariante.

Während am Haus 35/37 vornehmlich schmunzelnde Elefantengesichter und lauthals lachende Männergesichter ins Auge springen, hat der Planer für die daneben stehende Fassade von Nummer 39 etwas freizügigere Motive ausgewählt. Dralle barbusige Schönheiten mit strengen, fast männlichen Gesichtern bilden dort den Abschluss des oberen Frieses, während über dem Eingang das Konterfei eines jüngeren Mannes mit wallenden Haaren, vielleicht das Gesicht des Bauherren, die Eintretenden begrüßt. Wir gehen die Straße nach

■ **Großstädtische Jugendstilhäuser in der Handschuhsheimer Landstraße.**

■ **Verspielte Jugendstil-Details an Handschuhsheimer Häuserfassaden.**

rechts weiter und sehen am Haus Nummer 43 den außergewöhnlichen Versuch des Architekten, den großen Erker auf zwei steinernen Schneckenhäusern ruhen zu lassen. Wie man sieht, muss man sich im Jugendstil immer auf die sonderbarsten Ideen gefasst machen.

Als 1903 das bis dahin noch recht ländlich geprägte Handschuhsheim vom badischen Großherzog per Dekret nach Heidelberg eingemeindet wurde, wollte man den neuen Stadtteil zügig nach dem Vorbild Neuenheims mit prachtvoller städtischer Architektur für Heidelberg salonfähig machen: Besonders nach Süden hin ent-

standen mehrstöckige Mietshäuser, wobei die Fassadengestaltung ein städtisches Flair ausstrahlen sollte. Dabei orientierten sich die meist konservativen Architekten und Bauherren, wie überall im Reich, noch am Stil des Historismus, der Architekturelemente von Renaissance, Gotik und Barock aufgriff und auch miteinander vermengte. Der als Gegenbewegung um 1900 von England herübergeschwappte Jugendstil wurde nur von wenigen, progressiv eingestellten Bauherren favorisiert.

Wir wandern weiter und erreichen nach dem Kapellenweg den entzückenden alten »Hendsemer«

Dorfkern. Hübsche, aber zunehmend kleinere Wohngebäude mit teilweise jedoch recht stattlichen Eingangstüren wie am Haus Nummer 69 säumen die Straße. Bald kommen wir an einem eindrucksvollen barocken Anwesen (Nummer 90) mit schönem Hoftor vorüber, wo sich früher der traditionsreiche Gasthof zur Goldenen Krone befand. Im relativ kleinen Garten streckt sich eine mächtige Platane kühn dem Himmel entgegen, und ihre knorrigen Äste bieten optimale Möglichkeiten zur Befestigung von Spielgeräten.

Nach kurzer Zeit erreichen wir einen idyllischen Winkel mit dornröschenhaft eingewachsenen Häusern, Gilbert's Goldenem Adler auf der einen und dem alten Handschuhsheimer Pfarrhaus im lauschigen Pfarrgarten und einem alten Kriegerdenkmal auf der anderen Seite. Hier biegt die **Pfarrstraße** von Westen her ein, und wir folgen ihrem Verlauf leicht bergab. Vorbei am traditionsreichen Dorfgasthof Lamm treffen wir unten auf die Pfarrkirche *St. Vitus*, die älteste Kirche im Heidelberger Stadtgebiet. Besonders das Äußere der Kirche mit dem romanischen Kirchturm und den wuchtigen, von schmalen romanischen und gotischen Fenstern unterbrochenen Steinmauern und der alte Kirchhof mit seinen alten Grabkreuzen und -platten strahlen noch immer eine fast archaische Atmosphäre aus.

St. Vitus

Neben einigen Mauern aus karolingischer Zeit stammen die ältesten erhaltenen Teile, wie der Triumphbogen, von einem frühromanischen Bau aus dem 11. Jahrhundert. Über den noch vorhandenen romanischen Bogenfenstern befinden sich außen angebrachte Steinköpfe, der Rest eines früher reichhaltigen romanischen Bilderschmucks. Um 1200 wurde das Langhaus zur dreischiffigen Basilika erweitert und 1483 der gotische Chor gebaut. Von 1650 bis 1905 teilten sich Katholiken und Protestanten den Raum. 1911 und 1961 wurden in der Kirche ein Freskenzyklus mit dem Leben Christi (1400) und die Abbildungen mehrerer Heiliger aus der ersten Hälfte des 15. Jahrhunderts freigelegt. Die wohl stärkste Veränderung widerfuhr dem Kirchlein 1933/34 durch einen großen Erweiterungsanbau, durch den der Gottesdienstraum nach Norden orientiert wurde. 1964 wurden dem Chor sieben neue, von Valentin Feuerstein geschaffene Glasfenster hinzugefügt. Im Innenraum befinden sich an der Südwand einige Grabmäler aus dem 15. und 16. Jahrhundert, darunter das Doppelgrabmal von Dieter und Margarethe von Handschuhsheim († 1483/87) und das Renaissance-Grabmal des Heinrich von Handschuhsheim und seiner Gemahlin Amale Beusser von Ingelheim († 1588/1622).

■ **Zeuge aus alten Tagen: St. Vitus.**

Wir folgen nun der **Steubenstraße** in nördliche Richtung und kommen an hübschen Wohnhäusern und der Lindengasse vorüber, einem besonders lauschigen Winkel des alten Dorfes. Direkt gegenüber dieser Gasse gelangen wir durch eine offene Pforte in den Graham-Park, über den wir dann nach rechts zum *Handschuhsheimer Schlösschen* wandern. Es war Teil eines Gutshofs, der ab 1783 der Familie Rottmann gehörte, und stammt bis auf den älteren Treppenturm (1609) aus dem 18. Jahrhundert. Später erwarb der Kolonial-Kaufmann Carl Adolf Uhde das Anwesen und wandelte es in ein Museum für seine in Mittel- und Südamerika erworbenen indianischen Sammlungen um. Sie sind heute Teil des Ethnologischen Museums in Berlin-Dahlem.

Uhde gestaltete den südlich gelegenen Park wie einen kleinen botanischen Garten, der später nach dem letzten privaten Besitzer, dem Engländer John Benjamin Graham, benannt wurde. Seit 1919 gehört das Schlösschen der Stadt, die es seit 1973 an die Städtische Musikschule vermietet hat. Wir verlassen den Schlosshof wieder, queren die **Dossenheimer Landstraße** und stehen direkt vor der malerischen Ruine der mittelalterlichen *Tiefburg*, die es an Romantik beinahe mit der Heidelberger Schlossruine aufnehmen kann.

■ **Handschuhsheimer Ruinenromantik: die Tiefburg.**

■ **Impressionen von der Tiefburg.**

Die Handschuhsheimer Tiefburg umfasste ein weitaus größeres Gebiet (circa fünf Hektar), als die heute noch sichtbare Wohnburg vermuten lässt, und war die einzige Wasserburg an der Bergstraße. Das Adelsdomizil der Ritter von Handschuhsheim soll einen zwölf Meter breiten Wassergraben besessen haben, der vom Mühlbach her gespeist wurde. Im Pfälzischen Erbfolgekrieg teilte die Burg das Schicksal des Heidelberger Schlosses und wurde im Januar 1689 mitsamt dem Dorf völlig zerstört. 1911 bis 1913 wurde die Ruinenlandschaft durch den Besitzer Raban Graf von Helmstatt renoviert und teilweise als Wohngebäude wieder nutzbar gemacht. Sein Vorfahre Johann Ferdinand Joseph Freiherr von Helmstatt entdeckte im Jahre 1770 ein eingemauertes Skelett in mittelalterlicher Rüstung in einem Hohlraum. Um diesen »eingemauerten Ritter« ranken sich allerlei Geschichten, von denen eine erzählt, dass der Eingemauerte ein Verhältnis mit einer Bewohnerin der Burg Hirschhorn am Neckar gehabt haben soll und zur Strafe lebendig eingemauert wurde. Die inzwischen verschollene Rüstung wurde mittlerweile am Fundort durch eine Replik ersetzt.

Auf dem Platz vor der Ruine findet jeden Samstagvormittag der beliebte Handschuhsheimer Markt statt. Wir folgen der Dossenheimer Landstraße nun nach links und kommen nach kurzer Zeit wieder zum Ausgangspunkt, dem **Hans-Thoma-Platz,** zurück.

TOUR 8 GASSEN, KAISER, EHRENKULT

Rundwanderung durch Rohrbach

Tourenbeginn und -ende:
Eichendorffplatz in Rohrbach

**Straßenbahnhaltestelle Eichen-
dorffplatz:** *Linien 23, 24*

Tourenlänge: *circa 6 Kilometer*

Höhenunterschiede:
circa 150 Meter

Einkehrmöglichkeiten:
Bierhelderhof

Wir beginnen diese Tour im südlichen Stadtteil Rohrbach am **Eichendorffplatz**, an der gleichnamigen Straßenbahnhaltestelle. Der hübsche Platz und die kleinstädtische Wohngegend wurden am 8.5.1888 Schauplatz eines aus heutiger Sicht sensationellen Ereignisses. Die Rohrbacher Chronik beschreibt es so: »In den Morgenstunden tuckert hier ein bisher nie gehörtes und gesehenes Gefährt« mit einer Frau am Steuer und zwei jungen Männern

vorbei. »Es sieht einer Kutsche zwar ähnlich, hat aber keine Pferde, die es ziehen. Und es kracht und stinkt ganz erbärmlich.« Rohrbach wurde damals Teil der spektakulären Geschichte, als Bertha Benz mit ihren beiden Söhnen Eugen und Richard auf dem von ihrem Ehemann Carl Benz konstruierten Benz-Motorwagen Nummer 3 ohne dessen Wissen von Mannheim nach Pforzheim fuhr. Das Benzin dafür musste sie sich umständlich in Apotheken besorgen. Sie war damit nicht nur die erste Autofahrerin, sondern auch der erste Mensch, der eine längere Strecke mit einem motorisierten Fahrzeug zurücklegte, und verhalf dadurch der Erfindung ihres Mannes zum entscheidenden Durchbruch.

Wir gehen zunächst durch die kleine Grünanlage und kommen in die **Heidelberger Straße**, die wir bis zur **St.-Peter-Straße** durchgehen. Hier gibt es, außer vielleicht einem

■ **Dörflicher Klassizismus: das Rohrbacher Rathaus.**

gewissen Vorstadtcharme, keine architektonischen Highlights. Kleinere Arbeiterhäuschen stehen dicht neben etwas größeren Mehrfamilienhäusern aus der Gründerzeit. Auf besonderen Fassadendekor wurde wenig Wert gelegt – oder es fehlte schlicht und ergreifend das Geld. In der St.-Peter-Straße halten wir uns kurz links und gehen dann durch die etwas gediegenere **Von-der-Tann-Straße** Richtung Rohrbacher Ortszentrum weiter und kommen in die **Heidelberger Straße**. Außer dem imposanten Bau der *Eichendorffschule* von 1891, bei der sich die Rohrbacher auch etwas von der großbürgerlichen Heidelberger Sahnetorte abgeschnitten hatten, prä-

gen bescheidene Häuschen das alte Dorfzentrum. Nach wenigen Schritten erreichen wir die Rathausstraße mit dem Rathaus und einigen hübschen Bürger-, Bauern- und Winzerhäusern.

Das etwas unscheinbare *Rathaus* mit fast schlossähnlich großen Fensteröffnungen im Obergeschoss und einer schmucken Rathausuhr wurde 1813 als eines der ersten klassizistischen Rathäuser im heutigen Heidelberger Stadtgebiet gebaut. Ursprünglich lag es direkt am Rohrbach, so dass man das Haus nur über eine kleine Brücke erreichen konnte. Heute hat hier das Rohrbacher Heimatmuseum sein Refugium gefunden.

Wir queren die Straße und folgen der **Amalienstraße**. Sie führt uns direkt zum *Rohrbacher Schloss*, einem durch Herzog Karl III. August von Pfalz-Zweibrücken 1770 im spätbarocken Stil erbauten und 1803 von Friedrich Weinbrenner klassizistisch umgebauten Jagdschlösschen.

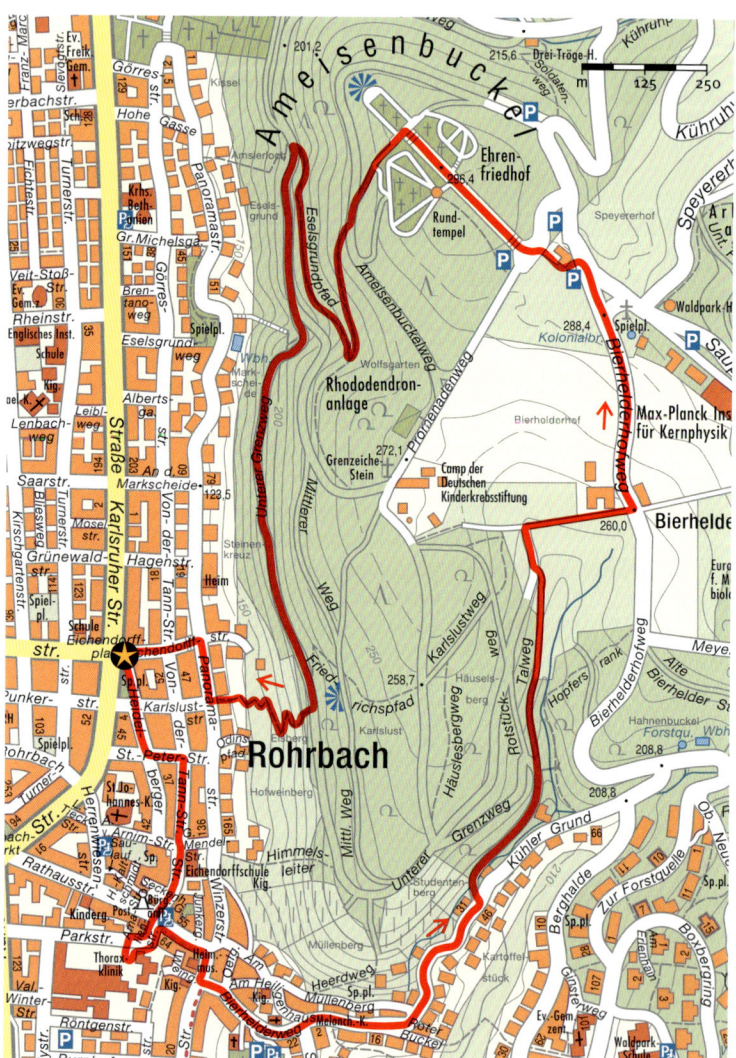

■ **Klein, aber von Welt: Rohrbacher Schlösschen.**

Rohrbacher Schloss

Im Juni 1815 rückt Rohrbach für einen Augenblick in den Fokus der Weltgeschichte, als sich hier Kaiser Franz I. von Österreich und Zar Alexander I. von Russland treffen. In einer intimen Runde von nur acht Personen beraten sich die beiden Kaiser, um eine gemeinsame Politik gegen Napoleon auszuloten. Der Zar ist öfter zu Besuch im Rohrbacher Schloss, denn es war der Lieblingswohnsitz seiner Schwiegermutter Amalie. Die Markgräfin Amalie, Gattin ihres Vetters, des Großherzogs Karl Ludwig von Baden, ging als »Schwiegermutter Europas« in die Geschichte ein, denn sie verheiratete fünf ihrer sechs Töchter mit dem europäischen Hochadel, unter anderem mit dem Zaren Alexander I. von Russland, König Gustav IV. von Schweden und Max Joseph, dem König von Bayern. Der Zar nutzte seine Besuche in Rohrbach auch für Treffen mit dem Badischen Großherzog und den anverwandten gekrönten Häuptern. Aber auch Johann Wolfgang von Goethe war ein gern gesehener Gast im Schlösschen.

Das »Schlössel«, wie es die Rohrbacher liebevoll nennen, gehört heute zur Thorax-Klinik, die auf dem Gelände des einstigen Schlossparks erbaut wurde. Durch die moderne Bebauung und die Reduzierung des Parks hat das feudale Anwesen leider viel von seinem Charme eingebüßt.

■ **Turm der Melanchthonkirche.**

Wir verlassen das Gelände wieder über die **Amalienstraße** und halten uns in der **Rathausstraße** rechts. Linker Hand sehen wir den rot angepinselten Gasthof Roter Ochsen (Nummer 55), in dem Joseph Freiherr von Eichendorff längere Zeit nächtigte. Er lernte hier die Küferstochter Katharina Barbara Förster kennen und lieben und hat diese Zuneigung in seinem Gedicht »Das zerbrochene Ringlein«, das später in dem Lied »In einem kühlen Grunde« vertont wurde, literarisch verewigt. Direkt oberhalb steht noch eines der ältesten Rohrbacher Bauernhäuser von 1617.

Nach einer Rechtskurve erreichen wir den **Bierhelderweg**, der uns links hoch zur *Melanchthonkirche* führt.

Das exponiert auf einem Hügel stehende evangelische Gotteshaus entstand weitgehend zwischen 1907 und 1908 im Stil der Neorenaissance, wobei Teile des bis ins 8. Jahrhundert zurückgehenden Vorgängerbaus miteinbezogen wurden. So befindet sich auf der Nordseite noch eine gotische Türe aus dem 14. Jahrhundert und im Chorturm ein gotisches Fenster. Der meist abgeschlossene Kircheninnenraum besticht besonders durch seine schönen Glasfenster, auf denen hauptsächlich Reformatoren sowie bedeutende protestantische Geistliche und Herrscher abgebildet sind. Der kurze Aufstieg zur Kirche lohnt sich schon allein wegen der Aussicht auf einige idyllische Winkel von Rohrbach.

Wir schreiten weiter aufwärts und gelangen über die Straße **Kühler Grund** ins enge Tal des hier noch munter plätschernden Rohrbachs, bevor er am Beginn der Straße **Am Müllenberg** in einer dunklen Röhre verschwindet. Zwischen den bewaldeten Hängen des Studentenbergs auf der linken Seite und einzelnen Häusern am Bachufer des rechten Hangs, des sogenannten Kartoffelstücks, folgen wir dem Bachverlauf bergauf, bis uns auf der linken Seite, auf Höhe von Haus Nummer 48, an einer ehemaligen Mühle eine Brücke weiter zu einem lauschigen Waldweg auf der anderen Seite des Rohrbachs führt. An der nächsten Biegung folgen wir an einer Gabelung mit Wegestein dem rechten, nicht asphaltierten **Talweg** geradeaus und halten uns am oberen Waldrand rechts Richtung Bierhelderhof. Nach kurzer Zeit erreichen wir den beschaulich auf einer Lichtung liegenden *Bier-*

■ **Rohrbacher Hinterhofimpressionen.**

helderhof mit seinem unter mächtigen Platanen und Kastanienbäumen liegenden Biergarten.

Der Bierhelderhof ist ein traditionsreicher Ort, der wohl schon in früheren Tagen bei den Heidelbergern als Ausflugsziel beliebt war. Der aus Berlin stammende Dichter und Schriftsteller Georg Reinbeck nennt in seinem Buch »Heidelberg und seine Umgebungen« im Sommer 1807 den Bierhelderhof »ein einsames Gehöft (...) das von blühenden Matten und kornreichen Fluren umgeben, zur Erquickung einladet (...)«.

Wir wandern den befahrenen **Bierhelderhofweg** auf dem beglei-tenden Fußweg bergauf Richtung Norden weiter und erreichen am Waldrand ein älteres Gebäude aus Buntsandstein. Hier halten wir uns links und erreichen nach wenigen Schritten über den Fußpfad den großen Heidelberger *Ehrenfriedhof.*

Ehrenfriedhof

Der vom Stuttgarter Architekturprofessor Paul Bonatz und dem Heidelberger Oberbaurat Fritz Haller 1933 als Gemeinschaftsprojekt geplante Soldatenfriedhof mit Ehrentempel wurde anfänglich für die Opfer des Ersten Weltkriegs angelegt. Später wurden auch Gräberfelder für gefallene Soldaten des Zwei-

■ **Bierhelderhof im Winterschlaf.**

■ **In Reih und Glied: Soldatenkreuze auf dem Ehrenfriedhof.**

ten Weltkriegs hinzugefügt. Auf einer länglichen, zur Rheinebene hinausragenden Terrasse wurden auf der Hochfläche des Ameisenbuckels rechts und links einer Paradestraße die Gräberreihen so geplant, dass sie den Grundriss einer mittelalterlichen Kathedrale bilden sollten. Es gibt auch einen »Altar«, der diesen inszenierten »heiligen« Charakter noch erhöht. An ihm waren ursprünglich nationalsozialistische Symbole angebracht. Ein bauliches und ideologisches Gegenstück dieser Anlage bildete die wenig später errichtete Thingstätte auf der anderen Talseite (sie-

he Tour 9). Heute erscheint diese gigantische Anlage angesichts der menschenverachtenden Ideologie ihrer Bauherren bedrückend und befremdlich zugleich.

Wir verlassen die Anlage am südwestlichen Ausgang, halten uns direkt nach den auf die untere Ebene zu den Gräberfeldern und dem Altarstein führenden Treppenstufen links und kommen dann über den leicht links nach unten führenden Weg zunächst zum Ameisenbuckelweg, den wir queren. Auf der gegenüberliegenden Seite führt uns nun ein Waldpfad in die gleiche Rich-

Rundwanderung durch Rohrbach

■ **Bürgertraum: Häuser in der Eichendorffstraße.**

tung weiter bergab. Bei der nächsten Möglichkeit folgen wir einem in Gehrichtung schräg rechts nach unten führenden Weg (nicht den nach ganz rechts Richtung Friedhof verlaufenden Pfad einschlagen!) zum breiteren **Eselsgrundpfad**, den wir bergab nach rechts weiterwandern. Nach circa 200 Metern biegen wir vor einer Ruhebank nach links in den **Unteren Grenzweg**, der jedoch hier nicht bezeichnet ist. Wir gehen nun den etwas oberhalb des Waldrands verlaufenden und vorübergehend wieder etwas ansteigenden Wanderweg ein gutes Stück in südliche Richtung weiter und verlassen ihn erst, wenn auf der rechten Seite ein Wegestein den nach unten abzweigenden **Friedrichspfad** ankündigt. Der sich gemütlich ins Tal hinabschlängelnde Weg wurde durch den Pfalzgrafen Friedrich Michael von Zweibrücken angelegt, dessen Jagdhütte oberhalb Leimens über diesen Pfad mit seinem Rohrbacher Schloss verbunden war. Über ihn gelangen wir auf mehreren Serpentinen nach unten in die **Panoramastraße**.

In der schönen Wohnstraße mit kleinen Stadtvillen halten wir uns kurz rechts und gelangen dann über eine Treppe und die **Eichendorffstraße** wieder zurück zum Ausgangspunkt, dem **Eichendorffplatz**.

Wanderung auf den Heiligenberg

Tourenbeginn und -ende: *Straßen-bahnhaltestelle Brückenstraße*

Straßenbahnhaltestelle Brücken-straße: *Linien: 5, 23*

Tourenlänge: *circa 5,5 Kilometer*

Höhenunterschiede:
circa 320 Meter

Einkehrmöglichkeiten:
Waldschenke am Heiligenberg, Gastronomie in Neuenheim

Wir beginnen diese Rundwanderung an der **Straßenbahnhaltestelle Brückenstraße,** gehen einige Schritte stadteinwärts und gelangen über die **Ladenburger Straße** nach links zur **Bergstraße** mit dem ausgeschilderten **Philosophenweg.** Der weltberühmte Heidelberger Spazierweg (Beschreibung siehe Tour 5) führt uns rasch nach oben und wir kommen an vielen schönen Stellen wie dem Philosophengärt-chen oder dem Liselotteplatz mit herrlichen Ausblicken vorbei.

Schließlich erreichen wir den Waldrand und wählen bei der nächsten Weggabelung an der hübschen *Odenwälder Hütte* von 1900 den nach oben führenden **Odenwälder Weg.** Nach rund 150 Metern folgen wir an einem steinernen Wegzeiger dem nach links hochführenden **St.-Stephans-Fußweg** Richtung »Aussichtsturm Heiligenberg« und »Zollstock«. Zwischen mächtigen Buchen windet sich der alte Waldweg serpentinenartig nach oben, bis wir zum so genannten Aussichtsweg gelangen. Wir queren ihn und folgen dem links hoch führenden und mit einer gelben »2« bezeichneten Fußweg weiter Richtung Heiligenberg.

Nach einer Weile gelangen wir an einen weiteren Wegestein, der uns nach rechts über den **St.-Michels-Fußweg** Richtung Heiligenberg und Zollstock leitet. Der nun mit einer gelben »1« bezeichnete

■ Oben: Aussichtsparadies Philosophenweg.
Unten: Kleinod im Wald: die Odenwälder Hütte.

Wanderweg steigt stetig an und trägt nach kurzer Zeit auch den Namen **Keltenweg** mit einem blauen Kreis als Symbol. Nun haben wir den Heiligenberg erreicht. Verschiedene Schautafeln informieren uns entlang des Pfades über die frühere keltische Höhensiedlung und Ringwallanlage. Schließlich sehen wir linker Hand die 1933/34 von den Nationalsozialisten angelegte Thingstätte, die wir aber zunächst links liegen lassen, da wir sie auf dem Rückweg direkt durchqueren. Der Weg führt uns rechts davon hoch zum Gipfel des Heiligenbergs,

Wanderung auf den Heiligenberg

■ **Sagenumwobener Kultort: Heiligenberg.**

und wir folgen an einer weiteren Wegegabelung (mit Infotafel über den »befestigten Königshof«) der steinernen Ausschilderung zum Michelsturm und Heiligenberg und halten uns rechts. Nach kurzer Zeit erreichen wir den Jahrtausende alten Kulthügel mit den Ruinen des *Michaelsklosters*, den wir nun in einem Bogen außerhalb des Zauns umkreisen. In den rechts davon liegenden Waldstücken lassen sich Reste eines keltischen Verteidigungsgrabens erkennen. An der nächsten Gabelung halten wir uns dann links, gehen entlang des Zauns weiter und erreichen schließlich den Eingang zur Ruine. Von der Turmruine der früheren Klosterkirche bietet sich ein guter Blick auf das Ruinenfeld der einstigen Klosteranlage.

Heiligenberg, heiliger Ort für Götter und Gelehrte

Das Michaelskloster wurde durch Abt Reginbald 1023 n. Chr. an der Stelle einer alten Kultstätte auf dem in römischer Zeit nach dem Götterboten Mercurius (deutsch Merkur) benannten Berg gegründet und in der Folgezeit bis circa Mitte des 13. Jahrhunderts zu einer stattlichen Abteianlage erweitert. Der Platz des alten Mercuriustempels wurde bereits ab 600 n. Chr. mit einer Michaelskapelle überbaut, und ab 870 begannen Lorscher Benediktiner mit dem Bau von ersten Klosterzellen. Von der frühen Kultstätte zeugen noch die Grundmauern eines genordeten Mercuriusheiligtums mit Apsis im Bereich des Langhauses der Michaelsbasilika. Hier stieß man auf Weihesteine mit lateinischer Inschrift, die darauf hinweisen, dass sie dem Gott »Mercurius Cimbrianus« gestiftet wurden, dem Mercurius des germanischen Volksstamms der Cimbern. Das lässt nach neueren Forschungen auf eine Kultstätte für den germanischen Gott Wodan schließen. Dieses Gipfelheiligtum überdauerte bis etwa 600 n. Chr., da man zu bis dieser Zeit nachweislich Gräber um das Heiligtum anlegte. Wir bewegen uns hier auf dem wohl geschichtsträchtigsten Boden Heidelbergs, denn archäologische Ausgrabungen haben bestätigt, dass der Heiligenberg bereits vor 5000 v. Chr. besiedelt war und die Höhensiedlung zur Keltenzeit (480–280 v.Chr.) ihre größte Ausdehnung erreichte. Wäh-

■ **Heiligenberg: Klosterruine Heiligenberg mit dem Heidenloch (M. Merian, 1645).**

rend der frühen Latènezeit wurde hier bereits Eisenerz abgebaut und verhüttet, und vom 5. Jahrhundert v. Chr. bis in die römische Zeit hinein lag hier oben das politische, religiöse und kulturelle Zentrum der Region, bevor es sich ins neu entstandene römische Lopodunum, das heutige Ladenburg verlagerte. Reste des keltischen Ringwalls sind heute noch im Wald sichtbar. Ihren Namen Heiligenberg, ursprünglich »Allerheiligen-Berg«, bekam die knapp 440 Meter hohe Erhebung, als auf ihm ab dem 9. Jahrhundert durch das Kloster Lorsch das Michaelskloster und danach 1094 das Stephanskloster als weiteres Benediktinerkloster gegründet wurden. In der karolingischen Bezeichnung »Aberinsberg« sehen einige Sprachwissenschaftler eine Verbindung zu dem althochdeutschen Wort »avara«, das »geweihtes Standbild« oder »Götzenbild« bedeutet. Das 1023 errichtete Kloster wurde um 1530 durch die Reformation aufgelöst und bald als Steinbruch für die umliegenden Gemeinden freigegeben. Zuvor, um 1509, erstieg der spätere Reformator Philipp Melanchthon als Student den Berg, um die alten Inschriften zu studieren. Nach wie vor rätselhaft ist die Entstehung des 55 Meter tiefen Heidenlochs beim Stephanskloster. 1645 wurde die beeindruckende Ruinenkulisse vom Kupferstecher Matthäus Merian in seiner »Topographia Palatinatus Rheni« abgebildet.

Wir verlassen den Michaelshügel wieder am Ausgang, gehen geradeaus weiter und kommen direkt zur *Thingstätte*, die die Nationalsozialisten in zwölfmonatiger Bauzeit nach der Machtergreifung als ein aus Buntsandstein gemauertes Amphitheater auf dem Heiligenberg errichten ließen. Sie wollten mit ihrem Monumentalwerk durch pathetische Heldenschauspiele und Feiern den »germanischen Geist« auf diesem alten Mythenhügel beschwören. Ihren Höhepunkt erreichte die Anlage bei der Einweihung am 22. Juni 1935, als Propagandaminister Goebbels in einem Fahnenmeer mit 20 000 Besuchern und einem riesigen Chor die Sonnwendfeier zelebrierte. Bald danach verloren die Nationalsozialisten wieder das Interesse an ihrer Feierstätte, da der inzwischen verbreitete Rundfunk weit bessere Möglichkeiten zur Propaganda bot. Nach dem Zweiten Weltkrieg verfiel sie in einen zeitweiligen Dornröschenschlaf, und inzwischen wird die Anlage wieder für unterschiedlichste Sommerkonzerte und Veranstaltungen genutzt.

Wir schreiten die zahlreichen Treppen nach unten, halten uns rechts und gehen den Wanderweg Richtung Waldschenke und Heiligenbergturm weiter. Nach der Waldschenke und dem Waldparkplatz erreichen wir die Ruinen des *Stephansklosters* mit dem *Heiligenbergturm*. Der im 19. Jahrhun-

■ **Gemauerte Ideologie: Thingstätte.**

dert aus Steinen der Klosterruine erbaute Aussichtsturm im Stil der damals hippen Burgenromantik könnte ohne Probleme als Kulisse für einen Märchenfilm über Rapunzel dienen. Bei klarer Sicht lohnt der Aufstieg, denn oben bietet sich ein schöner Blick auf das Schloss und den Königstuhl.

Nun folgen wir für längere Zeit dem mit einem roten Balken gekennzeichneten **Weitwanderweg** und wandern die Zufahrtsstraße weiter abwärts. Gleich unterhalb sehen wir rechter Hand das überdachte *Heidenloch*, einen rund 55 Meter tiefen, vorgeschichtlichen Schacht, der ebenfalls 1645 auf dem Kupferstich von Merian abgebildet ist. Das Alter und die Funktion sind nicht sicher belegt. Manche Historiker vermuten dahinter einen von lombardischen Steinmetzen gegrabenen Brunnenschacht aus dem 11. Jahrhundert. Es wird aber

zunehmend angenommen, dass das gewaltige Loch schon in keltischer Zeit existierte und vermutlich zwischen dem 5. und 3. Jahrhundert vor Christus angelegt wurde, was eine absolute Meisterleitung von den damaligen Bewohnern der Höhensiedlung gewesen wäre. Könnte das sicher nachgewiesen werden, wäre es eine Sensation.

Der französische Dichter Victor Hugo schreibt nach einem nächtlichen Besuch im Jahr 1840:

»Ich glaubte, auf dem Grund ein paar grobe Skulpturen inmitten von Trümmerwerk zu erblicken und unter diesen Ruinen einen dicken runden Block, der leicht ausgebaucht war und in der Mitte ein kleines quadratisches Loch hatte; es konnte ein keltischer Altar oder ein Kapitell aus dem 10. Jahrhundert sein. Allerdings gab es keine Treppe, um in die Grube hinabzusteigen. Und in diesem Augenblick höre ich, wie eine tiefe, schwache

Stimme hinter mir das Wort ›Heidenloch‹ ausspricht. Obwohl ich nur wenig Deutsch kann, kenne ich dieses Wort. Ich drehe mich um. Niemand auf der Heidefläche; der Wind weht, und der Mond scheint. Nichts weiter.«

Es geht auf der Straße weiter, und nach kurzer Zeit macht der markierte Weg eine scharfe Wendung nach links. Wir folgen ihm talwärts, bis wir die Fuchsrondell-Hütte mit grandiosem Ausblick auf das untere Neckartal erreichen. Direkt unterhalb steht im Wald die Bismarcksäule, die 1903 von der Heidelberger Studentenschaft als Feuersäule zu Ehren Bismarcks errichtet wurde. Wir spazieren den immer noch mit rotem Balken markierten Heiligenbergweg in westliche Richtung weiter abwärts und erreichen die Mönchberghütte, an der wir den **Bismarcksäulenweg** queren und dem unteren Wanderpfad nach links Richtung **Mönchhofplatz** folgen. Der mit einem gelben »B« (**Blütenweg**) gekennzeichnete Weg führt uns zunächst in Serpentinen durch ein Waldgebiet. An älteren Wochenendhäusern macht er einen abrupten Schwenk nach links und führt uns durch ehemalige Weinberge mit schönen Trockenmauern aus Buntsandstein.

Der idyllische Blütenweg, der im Frühling seinem Namen alle Ehre macht, bringt uns nach unten in den **Schweizerweg**, der nach wenigen Schritten in den unteren Abschnitt des **Philosophenwegs** mündet. Hier trennen uns nur noch wenige Schritte vom Ausgangspunkt **Straßenbahnhaltestelle Brückenstraße**, den wir über die **Bergstraße und die Ladenburger Straße** erreichen.

■ **Stein auf Stein: Alte Weinbergwege.**

TOUR 10 FELSBLÖCKE, AUSSICHTSTRÄUME, HIMMELSTREPPEN

Wanderung auf den Königstuhl

Tourenbeginn und -ende:
Heidelberger Marktplatz

Straßenbahnhaltestelle Bismarckplatz: *Linien 5, 21, 22, 23, 26 oder*
S-Bahnhof Heidelberg-Altstadt:
Linien S1, S2, S5

Tourenlänge: *circa 5 Kilometer*

Höhenunterschiede:
circa 440 Meter

■ **Alter Wegestein.**

Einkehrmöglichkeiten:
Restaurant Molkenkur,
Gastronomie in Neuenheim

Wir beginnen diese Rundtour am **Marktplatz** im Herzen der Altstadt (siehe Tour 1). Von dort spazieren wir Richtung Süden über den Kornmarkt und folgen dem Burgweg links der Talstation der **Bergbahn**.

Bergbahn

Die um 1873 beginnenden Planungen für eine Ausflugsbahn zum Heidelberger Schloss und zum Königstuhl wurden 1888 erst nach langem Hin und Her mit der 1885 durch die Brüder Leferenz gegründeten Heidelberger Straßen- und Bergbahn Gesellschaft Leferenz und Co. genehmigt.

Ab da ging es schnell voran, denn zwei Jahre später fand bereits die feierliche Eröffnung des unteren Abschnitts statt, einer dreischienigen Standseilbahn vom Kornmarkt zur Molkenkur mit einer Station am

■ **Stationsgebäude Molkenkur.**

Schloss. 1905 begannen die Bauarbeiten für den oberen Abschnitt von der Molkenkur bis zum Königstuhl, und am 1. Juni 1907 war die feierliche Eröffnung. Die von der Waggonfabrik Fuchs gebauten Wagen blieben bis heute erhalten und sind nach grundlegender Sanierung weiter im Einsatz. Anfangs wurde der untere Streckenabschnitt mittels Wasserballast betrieben, indem der jeweils obere Wagen an der Bergstation mit Wasser betankt wurde. Das Gewicht der talwärts fahrenden Kabine zog so die untere mit inzwischen geleertem Tank nach oben. 1907 wurde mit der Streckenverlängerung auch die untere Bahn auf Elektrizität um-

gestellt. Aufgrund der stetig wachsenden Besucherzahl des Schlosses ersetzte man den unteren Teil der Bergbahn 1961 durch einen Neubau, wobei leider das schöne Gebäude der Talstation und später auch die historischen Waggons verlorengingen.

Wir wandern den **Burgweg** weiter und sehen nach einer Linkskurve auf der rechten Seite eine vergitterte Mauernische mit Informationstafel. Dahinter verbirgt sich der letzte noch genutzte Wasserteilkasten aus dem Mittelalter. Er war Teil einer groß angelegten Wasserversorgung, die damals die Brunnen und zahlreiche Häuser in der Altstadt mit Wasser vom Königstuhl speiste. Nun führt uns der von rechts einmündende Fußweg **Kurzer Buckel** weiter bergauf. Wir folgen dem steil nach oben führenden Klingenweg und kommen durch ein besonders heimeliges Stück Heidelberg, das alles bieten kann, was auch die Besucher aus USA und Japan an »Good old Germany« so sehr lieben: verträumte kleine Villen, die sich an die steilen Hänge des Schlossberges schmiegen, umgeben von niedlichen Gärten mit Holzzäunen und alten Steinmäuerchen.

Damit nicht genug, denn die kleinen Hexenhäuschen und Gartenvillen werden von der grandiosen Ruine des Schlosses überragt. Etwas weiter oben blicken wir auf mondäne Stadthäuser in kleinen Parks oder auf Verbindungshäuser im Burgenstil mit Türmchen und Zinnen. Es würde uns nicht wundern, wenn hier plötzlich Aschenputtel auf dem Weg nach unten ihren Schuh verlieren würde.

Weiter oben erreichen wir den Schlosseingang und die Gaststätte »Burgfreiheit«, vor der wir,

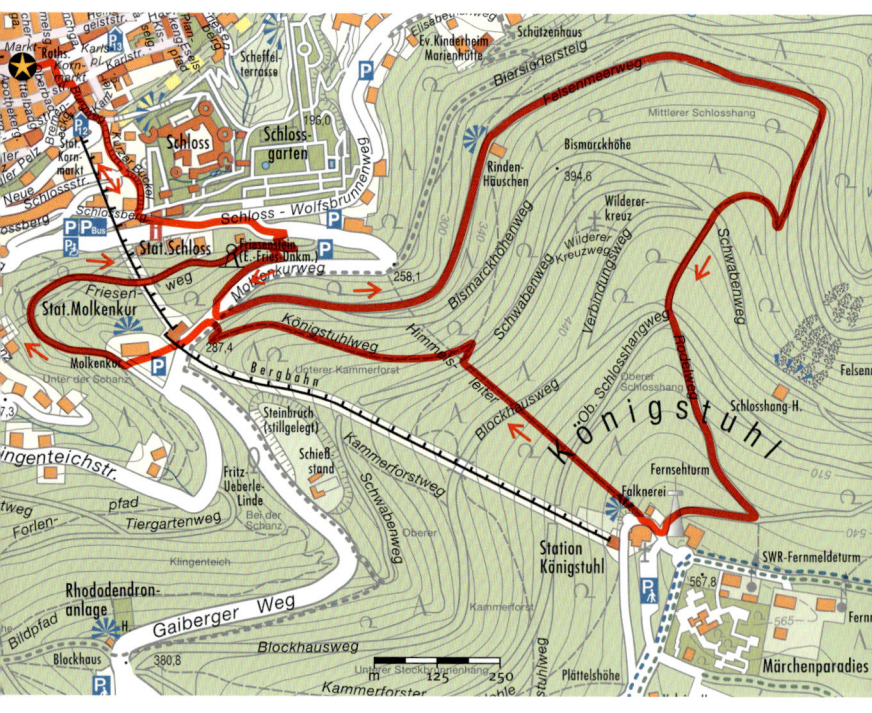

■ **Romantik pur: Kurzer Buckel.**

nach einem möglichen Besuch des Schlossgartens, schräg hoch zum **Schloss-Wolfsbrunnenweg** weiterwandern. Der Ausblick auf die bizarre Ruinenlandschaft des Heidelberger Schlosses und die dahinter liegenden Odenwaldberge ist hier einmalig. (Genauere Infos zu Schloss und Garten finden Sie in Tour 3.)

Wir gehen die Straße kurz nach links und folgen dann dem **Molkenkurweg** auf der gegenüberliegenden Straßenseite bergauf. Nach wenigen Schritten führt uns auf der rechten Seite ein Fußweg in Serpentinen nach oben zum **Friesenweg**,

den wir kurz rechts gehen und dann weiter dem nach oben führenden Waldpfad folgen. Nach einigen Biegungen erreichen wir die *Molkenkur*. Bei der Molkenkur handelt es sich um eine ehemalige Kuranlage auf dem Kleinen Gaisberg in Heidelberg, deren Gäste und Patienten sich im Rahmen einer besonderen Fastenkur hauptsächlich von Molke und Wasser ernährten. Heute gibt es in dem schmucken Gebäudekomplex ein Restaurant mit Café und natürlich das interessante Stationsgebäude der Bergbahn.

Wem der Aufstieg zu viel wird, kann die Wandertour mit der Bahn bis zur Station Königstuhl abkürzen. Ansonsten biegen wir direkt oberhalb der Bahnstation nach links in den mit einem Wegestein ausgeschilderten **Felsenmeerweg** und folgen diesem bis zum *Rindenhäuschen*, von dem wir bei klarem Wetter eine herrliche Sicht auf Heidelberg und das Rheintal haben. Die originelle Schutzhütte wurde im 19. Jahrhundert im Stil einer offenen Kapelle angelegt, die Stirnseite wurde mit Rinden verkleidet. Wir gehen weiter in Richtung Felsenmeer und erreichen nach einiger Zeit die ersten Felsbrocken aus Buntsandstein des sogenannten **Felsenmeers**. Diese außergewöhn-

liche Naturformation entstand während der pleistozänen Kaltzeiten (Eiszeiten) und ist neben den teilweise ungewöhnlichen Steinformationen besonders durch seinen Reichtum an Moosen, Farnen und Flechten interessant. Kurz vor der Einmündung des Steinhüttenwegs führt uns ein abermals mit einem Wegestein gekennzeichneter Weg rechts hoch Richtung Königstuhl. Wir folgen dem Weg durch den westlichen Rand des Felsenmeeres bis zur Kreuzung mit dem Schwabenweg, dem Bismarckhöhenweg und dem Blockhausweg, queren diese und wandern den gegenüberliegenden **Rodelweg** weiter berg-

■ **Atemberaubend schön: Schlossruine im Spätherbst.**

auf. Nach mehreren Windungen und Biegungen bekommen wir einen herrlichen Ausblick auf die waldreichen Kuppen des von hier oben fast menschenleer erscheinenden Odenwaldes. Ab und zu brausen auf den Wegen einzelne Crossbiker talwärts, ein zunehmend beliebter werdendes Sportvergnügen am Königstuhl, da sich der Aufstieg bequem mit der Bergbahn bewältigen lässt. Schließlich erreichen wir den 567,8 Meter hohen *Königstuhl* und werden jäh aus unserer beschaulichen Moos- und Farnwelt herausgerissen. Wer hier oben einsame Natur erwartet hatte, der wird enttäuscht, denn neben einer Gaststätte und der oberen Bergbahnstation befinden sich hier eine Reihe von Einrichtungen wie der Fernsehturm, die Falknerei, der Märchengarten, das Max-Planck-Institut und die Landessternwarte. Der von Walter Piekert und Claudio-Georg Schöning erbaute 88 Meter hohe *Fernsehturm* wurde von 1958 bis 1960 nach dem Vorbild aller Fernsehtürme dieser Zeit, dem Stuttgarter Fernsehturm, am höchsten Punkt des Vorderen Odenwaldes gebaut.

Die elliptische Aussichtsplattform in 33 Metern Höhe bietet bei klarem Wetter einen herrlichen Rundblick über Odenwald, Taunus, Vogesen und die Täler von Neckar und Rhein. Der Gipfel des Königstuhls bildete den Ausgangspunkt der kurpfälzischen Landes-

■ **Fernsehturm auf dem Königstuhl.**

vermessung. Zwischen Fernsehturm und Max-Planck-Institut im Südwesten befindet sich die *Landessternwarte Königstuhl* mit dem Astrophysischen Observatorium, die am 20. Juni 1898 durch Großherzog Friedrich I. von Baden als »Großherzogliche Bergsternwarte« feierlich eingeweiht wurde. Sie ging auf die Anregung des Astronomen Professor Max Wolf zurück und war mit ihren architektonisch sehr zweckmäßig und nach Funktionen

Wanderung auf den Königstuhl

getrennt gebauten Gebäudekomplexen die erste moderne Sternwarte im Deutschen Reich. Vorbild war das 1875 errichtete Linck-Observatorium auf dem Mount Hamilton in Kalifornien. Hauptarbeitsgebiet der Sternwarte war zunächst die Untersuchung kosmischer Gasnebel sowie die Forschung nach Planeten. Max Wolf, seine Mitarbeiter und seine Nachfolger entdeckten hier oben bis in die 1950er Jahre über 800 Kleinplaneten, darunter den Trojaner Achilles. Die Sternwarte wurde nach ihrer Erbauung immer wieder erweitert und gehört heute mit ihren sechs Beobachtungskuppeln zum *Zentrum für Astronomie Heidelberg (ZAH)* der Heidelberger Universität.

Auf dem Königstuhl hat man an schönen Tagen vom Aussichtspunkt unterhalb des in letzter Zeit wegen Pächterwechsels leider immer wieder geschlossenen Lokals eine grandiose Aussicht, die man sich nicht entgehen lassen sollte.

Hier oben bietet sich auch die sicherlich für manche verlockende Möglichkeit, mit der Bergbahn wieder zurück zur Altstadt zu gelangen. Wer genug gewandert ist und seine Knie schonen möchte, dem sei dies empfohlen. Eine weitere Alternative – von dem nur einen Steinwurf unterhalb liegenden Gleitschirmstartplatz ins Tal zu fliegen – wird

■ **Traumblick: Aussichtspunkt Bergstation.**

■ **Schritt für Schritt: Heidelberger Himmelsleiter.**

vermutlich nicht in Frage kommen, und so wandern wir, wenn die Beine es noch zulassen, ein Stück auf der berühmt-berüchtigten *Himmelsleiter* ins Tal zurück. Der mit einer blauen Schlangenlinie gekennzeichnete Weg beginnt rechts des Aussichtspunktes und führt erst sachte, dann immer steiler werdend zwischen Steinbrocken des Felsenmeeres bergab. Dieser berühmte Heidelberger Treppenweg mit seinen über 1200 aus Felsklötzen zusammengesetzten Stufen wurde ab 1844 unter Bezirksförster Adam Laumann angelegt und 1994 umfassend saniert, so dass man heute wieder über mehr oder weniger gerade Treppenstufen nach unten gelangt. Zusammen mit der Treppe über den Kurzen Buckel sind es von der Fußgängerzone zum Königstuhlgipfel circa 1600 Stufen.

Damit es nicht zu viele werden und sich der Abstieg zur Tortur

entwickelt, werden wir die »Leiter« nach Querung des **Blockhauswegs** am zweiten größeren Querweg, dem **Schwabenweg,** wieder verlassen, bevor der steilste Abschnitt beginnt und sich die Himmelsleiter in einen »Höllensteig« verwandelt. Am Schwabenweg führt an der Fortsetzung des Treppenwegs der mit einem roten Balken gekennzeichnete »Weitwanderweg Odenwald-Vogesen« zuerst schräg rechts nach unten, biegt nach kurzer Zeit nach links und quert die Himmelsleiter etwas weiter unten. Wir folgen ab hier dem gekennzeichneten Wanderweg (**Königstuhlweg**) immer bergab, bis wir direkt oberhalb der Bergbahnstation Molkekur wieder auf den **Felsenmeerweg** stoßen. Dort halten wir uns links und folgen dem mit dem roten Balken gekennzeichneten Weg unter der Bahnbrücke hindurch leicht bergauf und gehen dann nach rechts Richtung Zufahrt zum Restaurant Molkekur auf der anderen Seite des Bergrückens. Wir befinden uns jetzt auf dem **Friesenweg**, der uns in einem Bogen um den alten Burgbezirk und die mittelalterlichen Steinbrüche führt. Dieser Ort war Sitz der 1250 erstmals erwähnten *Burg zu Berge*, auch Obere Burg, Alte Burg oder Altes Schloss genannt, die als Vorläufer des Heidelberger Schlosses vermutet wird. Neben Wällen aus dem 17. Jahrhundert sind Überreste der älteren Vorburg erhalten geblieben. Von dem stellenweise beinahe an mediterrane Bergwege erinnernden Waldpfad bieten sich besonders nach dem Laubfall immer wieder schöne Ausblicke ins Neckartal und auf die Bebauung des tief unterhalb liegenden Klingenteichviertels.

Der bereits in der letzten Jahrhundertwende schön angelegte Friesenweg führt uns nun direkt oberhalb einer verwunschen, auf einer Waldlichtung liegenden Villa in einem großen Park mit einem nicht minder entzückenden Garten- bzw. Pförtnerhaus weiter, bis wir schließlich den **Molkenkurweg** erreichen. Über ihn gelangen wir wieder, vorbei am Heidelberger Schloss, zum **Kurzen Buckel**, der uns hinunter zum **Kornmarkt** und schließlich zum Ausgangspunkt, dem **Marktplatz,** leitet.

■ **Zu Gast bei Hänsel und Gretel: Gartenhaus.**

Informationen von A–Z

WICHTIGE ADRESSEN UND HINWEISE

Die Vorwahl für Heidelberg ist 06221 und von auswärts immer vor den angegebenen Nummern zu wählen.

Stadt Heidelberg

Marktplatz 10, 69117 Heidelberg
Telefon 58-1 05 80
Bürgerservice: Telefon 58-1 05 80
Fax 58-1 09 00

Tourist Information am Hauptbahnhof

Willy-Brandt-Platz 1
69115 Heidelberg
Telefon 5 84 44 44
Fax 5 84 02 54
E–Mail touristinfo@heidelberg-marketing.de
1. Apr.–31. Okt.: Montag–Samstag
9–19 Uhr, Sonntag und Feiertag
10–18 Uhr
1. Nov.–31. März: Montag–Samstag
9–18 Uhr, Sonntag und Feiertag
geschlossen

Tourist Information im Rathaus

Marktplatz, Rathaus EG
Montag–Freitag 8–17 Uhr, Samstag
10–17 Uhr, Sonn- u. Feiertag geschl.

Wichtige Internetadressen

www.heidelberg-marketing.de
www.heidelberg.de
www.heidelberg-ticket.de
(Kartenvorverkauf)

www.heidelberg.huerdenlos.de (wichtige Informationen für Menschen mit Behinderung)

HeidelbergCARD

Bei einem Besuch von Heidelberg mit geplanten Besichtigungen lohnt sich der Erwerb der HeidelbergCARD bzw. HeidelbergBeWelcomeCARD. Sie bietet freie Fahrt mit Bussen und Bahnen inklusive Bergbahn, einmaligen kostenlosen Eintritt in den Schlosshof mit Fasskeller und kostenlosen Eintritt ins Apothekermuseum. Darüber hinaus gibt es viele Ermäßigungen bei Stadtführungen, Rundfahrten und Schifffahrten. Außerdem bekommen Sie Vergünstigungen in Museen, Geschäften und Restaurants.

Die HeidelbergCARD gibt es in folgenden Varianten:
1 Tag, 2 Tage, 4 Tage oder Familienpass für 2 Tage mit 2 Erwachsenen und bis zu 3 Kindern bis 16 Jahre oder eine Familie mit einem Erwachsenen und bis zu 4 Kindern bis 16 Jahre. Die Karte ist bei den beiden Tourist-Informationen, dem Touristservice Neckarmünzplatz, Obere Neckarstraße 31–33, bei Käthe Wohlfahrt, Hauptstraße 124, dem Kurpfälzischen Museum, Hauptstraße 97, der Jugendherberge Heidelberg, Tiergartenstraße 5 und in vielen Heidelberger Hotels erhältlich. Darüber hinaus kann sie bei der Heidelberg Marketing

■ **Shoppen in der Hauptstraße.**

GmbH, Ziegelhäuser Landstraße 3, Telefon 5840200, bestellt werden. E-Mail-Adresse für Bestellungen: reservation@heidelberg-marketing.de.

Fundbüro
Heidelberger Dienste gGmbH, Hospitalstraße 5, Telefon 65 37 97

EINKAUFEN IN HEIDELBERG

In Heidelberg gibt es neben zahlreichen Sehenswürdigkeiten und guter Gastronomie auch hervorragende Möglichkeiten zum Einkaufen. Am stärksten frequentiert mit unterschiedlichsten Läden, Bistros, Cafés und Einkaufspassagen ist die 1978 zur Fußgängerzone umgewandelte Hauptstraße, die sich ziemlich gerade vom Bismarckplatz in östliche Richtung durch die ganze Innenstadt zieht. Sie bildet, zusammen mit einigen weiteren Straßen, die längste Fußgängerzone Europas und ist die Heidelberger Einkaufsmeile schlechthin. Es lohnt sich, auch immer wieder mal ein paar Schritte in die Seitengassen wie beispielsweise die Märzgasse zu machen. Parallel zur Hauptstraße verläuft etwas südlich die Plöck. Hier findet man kleine Boutiquen und Läden mit netten Geschenkideen und Produkten aus aller Welt. Mit ihrem eigenen, ganz unverwechselbaren Charme bietet die in den Heumarkt einmündende Untere Straße, die »Untere Gass«, vor

■ **Straßenmusikanten in der Fußgängerzone.**

■ **Heidelberger Institution: der Zuckerladen.**

allem für Individualisten ein interessantes Einkaufsangebot mit kleinen, meist von den Inhabern geführten Geschäften. Souvenirshops findet man überall auf dem direkten Weg vom Bismarckplatz Richtung Schlossruine, sprich in der Hauptstraße und auf dem Marktplatz.

Im Gegensatz zu den Altstadtgassen beherrschen am Bismarckplatz große Kaufhäuser das Bild: So bieten im »Darmstädter Hof Centrum« direkt an der Einmündung der Hauptstraße in den Bismarckplatz circa 26 Geschäfte ihre Waren an, und das Einkaufscenter Carré zwischen Rohrbacher Straße, Kurfürsten-Anlage und Poststraße verbindet die Weststadt mit dem Postplatz.

GESCHENKE, KURIOSES

Heidelberger Zuckerladen
Plöck 52
Dieser originelle Laden mit seinem bunten Sammelsurium an Süßigkeiten ist eine wirkliche Besonderheit in Heidelberg, die man sich nicht entgehen lassen sollte. Schon die Schaufensterdekoration ist außergewöhnlich.
www.heidelberger-zuckerladen.de

Käthe Wohlfahrt
Hauptstraße 124
Heidelbergs legendärer ganzjähriger Weihnachtsladen. Auch in den Sommermonaten unbedingt einen Besuch wert!
www.kaethewohlfahrt.de

Pylones Kult & Design
Hauptstraße 80
Hier dreht sich alles um die Kultmarke aus Frankreich mit den schrillbunten Accessoires für Schreibtisch, Küche, Bad und Reise.
www.artundform.de/Pylones

Knoblauch Pen & Paper
Plöck 2
Außergewöhnliches Schreibwaren-
geschäft mit langer Tradition, großer
Auswahl an Papier- und Schreibwaren
und vielen Geschenkartikeln.
www.ploeck2.de

Papier und Form
St.-Anna-Gasse 3
Schönes Schmuckpapier, besonde-
res Schreib- und Zeichenmaterial,
Glaskunst.
www.papierundform.com

Farbenreich
Plöck 75
Farbenfrohe Geschenke mit besonde-
rem Design, Unikate und Accessoires,
originelles Geschenkpapier.
www.farbenreich-shop.de

Antik Toys
Mittelbadgasse 4
Eine wahre Fundgrube für Liebhaber
von altem Blechspielzeug und Rekla-
meschildern.

Swarowski
Hauptstraße 85
Alles rund um glitzernde Kristalle.
www.swarowski.com

Sobral-Store
Hauptstraße 112
Diesen Laden gibt es sonst nur
noch einmal in Paris. Hier werden
farbenfrohe Schmuckstücke und
außergewöhnliche Wohnaccessoires
aus Kunstharz angeboten, die alle in
Handarbeit hergestellt wurden und
somit Unikate sind.
www.sobraldesign.de

heidelberg images fotogalerie
Große Auswahl an Original-Foto-
grafien, Kunstdrucken, Kalendern,
Büchern. Viele schöne aktuelle und
historische Ansichten Heidelbergs
und eindrucksvolle Landschaftsfoto-
grafien.
Plöck 32a
Telefon 2 15 08
www.heidelberg-images.com

■ **Verkaufsstand in der Hauptstraße.**

■ **Souvenirshops an der Heiliggeistkirche.**

■ Souvenirs aus
»Good old Germany«.

■ Unverkennbares Mitbringsel –
Heidelberger Studentenkuss.

LECKEREIEN, TEES UND WEINE

Chocami Chocolaterie & Pâtisserie
Kettengasse 2
Bei Chocami finden Sie leckerste
Pralinen und Trüffel, Moussetörtchen,
Tartes, Petits-Fours, Kuchen, Torten
und vieles mehr – alle Köstlichkeiten
aus eigener Herstellung und liebevoll
hergerichtet.
www.chocami.de

Chocolaterie St Anna No1
St.-Anna-Gasse 1
Allerlei handgefertigte Schokoladen,
Trüffel und Pralinen. In dem wunderschönen kleinen Laden wird wahre
Schokokunst zelebriert. Sehr lecker
sind auch das selbst gemachte Eis und
die Trinkschokoladen.
www.chocolaterie-st-anna.de

Heidelberger Studentenkuss
Chocoladenmanufaktur & Chocolate-
rie des Cafés Knösel
Haspelgasse 16

Hier gibt es die seit 1863 im Café
Knösel in eigener Manufaktur
hergestellten berühmten Schoko-
ladentaler. Ein ideales Mitbringsel
aus Heidelberg.
www.studentenkuss.com

L'Epicerie
Hauptstraße 35
Ein bisschen versteckt in einem idyllischen Hinterhof findet man hier Ge-
würze, Tees, Schokoladen, Öle, Honig
und viele weitere Leckereien aus aller
Welt. Ein wirklicher Genuss!
www.lepicerie.de

Janssen Kaffee
Hauptstraße 29
Seit den 1930er Jahren bestehende
Kaffeerösterei. Hier werden hoch-
gewachsene Arabica-Kaffees aus
den besten Anbaugebieten der Welt
frisch geröstet. Darüber hinaus gibt
es eine große Auswahl an Tees und
Teegebäck.
www.janssen-kaffee.de

Fromagerie La Flamm

Ladenburger Straße 6
Große Auswahl an köstlichen französischen Bauernkäsen aus handwerkli-
cher Fertigung.
www.laflamm.de

Gronki

Ladenburger Straße 10
Seit 1934 bestehendes Ladengeschäft
mit Direktimporten von teilweise sehr
erlesenen Weinen und anderen Leckereien für anspruchsvolle Gourmets.
www.gronki.com

Weinhaus C. Fehser

Friedrich-Ebert-Anlage 26
Traditionsreiches und gut geführtes
Weingeschäft mit großer Auswahl
an regionalen und internationalen
Weinen mit guter Beratung. Darüber
hinaus findet man hier ein großes
Sortiment an Sekt, Champagner, Pro-
secco, Whisky, Cognac, Sherry etc.
www.weinversand-fehser.de

Lutherstraße 37
Telefon 45 58 20
www.Kunst2.de

Galerie Ostendorff

Hier gibt es Kunst aus dem Graphik-
und Originalbereich von der klassi-
schen Moderne bis in die Gegenwart
sowie Skulpturen zeitgenössischer
Künstler zu sehen.
Brückenstraße 51
Telefon 40 97 37
www.galerie-ostendorff.de

Galerie p13

Wechselnde Ausstellungen. Pro-
grammschwerpunkt der Galerie liegt
auf konzeptuellen Ansätzen in der
zeitgenössischen Kunst, wobei das
Spektrum alle Medien umfasst: Male-
rei, Zeichnung, Fotografie, Bildhaue-
rei, Installation und Videokunst.

KUNSTGALERIEN

Galerie Grewenig/Nissen

Wechselnde Ausstellungen. Die älteste
Privatgalerie Heidelbergs im Stadtteil
Handschuhsheim sieht sich als Forum
für den Dialog mit der aktuellen
Kunst.
Pfarrgasse 1
Telefon 47 56 89
www.galerie-grewenig.de

Galerie Kunst2

Wechselnde Ausstellungen, hauptsächlich zeitgenössische nationale und
internationale Künstler. Die Galerie
möchte auch bisher weniger bekannten Talenten eine Plattform bieten.

■ **Außergewöhnliches in der
Unteren Straße.**

Pfaffengasse 13
Telefon 7 29 55 43
www.galerie-p13.de

Forum für Kunst e.V.

Hier wird in rund zehn Ausstellungen
pro Jahr Künstlern die Möglichkeit
geboten, unabhängig von kom-
merziellen Galerien ihre Arbeiten
präsentieren zu können. Jedes Jahr
findet u.a. eine vorweihnachtliche
Verkaufsaktion statt.
Heiliggeiststraße 21
Telefon 2 40 23
www.heidelberger-forum-fuer-
kunst.de

NATURKOST/BIOLÄDEN UND FAIRER HANDEL

Alnatura
Weststadt:
Bergheimer Straße 59–61

Füllhorn
Handschuhsheim: Fritz-Frey-
Straße 15
Weststadt: Bahnhofstraße 33

Fair&Quer Naturkost
Handschuhsheim: Steubenstraße 52
Wieblingen: Adlerstraße 1

La Casa Verde
Schwetzinger Straße 63

Apfel und Korn, der Naturkostladen in der Altstadt
Märzgasse 16

Mahlzahn
Eine der besten Vollkornbäckereien in
der Altstadt.
Märzgasse 2

Weltladen Heidelberg
Große Auswahl an fair gehandelten
Produkten aus aller Welt mit Stehcafé
und gemütlicher Leseecke.
Heugasse 2

WOHNINTERIEUR

smArtdesign Heidelberg
Hier dreht sich alles um das Thema
Möbel, Lampen und Accessoires, jede
Menge Geschenkideen.
Alte Glockengießerei 2
www.smartdesign-hd.de

Holgersons
Nordische Wohnaccessoires und
vieles mehr.
Sofienstraße 19
www.holgersons.de

FESTE UND VERANSTALTUNGEN RUND UMS JAHR (AUSWAHL)

Hier die wichtigsten jährlichen Veranstaltungen auf einen Blick. Das jeweils
genaue Datum erfahren Sie am besten
bei der Tourist Information Heidelberg (siehe oben) oder im Internet
unter www.heidelberg-marketing.de
(Veranstaltungskalender)

Januar und/oder Juni: **Heidelberger Kammermusikfestival.** Die
Veranstaltung war ursprünglich
als Abschiedsgeschenk der Musikhochschule an die Stadt Heidelberg
anlässlich ihres Umzugs nach Mannheim gedacht, hat sich aber mittlerweile fest als Kammermusikfestival
in Heidelberg etabliert. Angeboten
werden Konzerte von Studierenden
der Musikhochschule Mannheim und

Dozenten der Universität. Aufführungsorte sind der Kammermusiksaal der Stadthalle, die Alte Aula, das Augustinum sowie das Palais Prinz Carl. Aktuelle Informationen erhalten Sie unter www.muho-mannheim.de oder Telefon (06 21) 2 92 35 00

Februar/März: **Heidelberger Fastnacht** mit einem großen, vom rheinischen Karneval geprägten Fastnachtsumzug mit zahlreichen farbenfrohen Karnevalsgruppen und originellen Themenwagen. **Neues deutsches Chansonfest Heidelberg »schöner lügen«.** Auf dem zweitältesten Chansonfest Deutschlands wird dem Publikum ein interessanter Querschnitt an namhaften Künstlern und Neuentdeckungen geboten. Die Veranstaltungen finden auf verschiedenen Heidelberger Bühnen statt. www.schoenerluegen.de

Mitte März bis Ende April: Internationales Musikfestival **Heidelberger Frühling.** Zu den rund 80 Konzerten mit vielen bekannten Namen strömen jedes Jahr zehntausende Besucher in die Neckarstadt. Aktuelles erfahren Sie unter www.heidelberger-fruehling. de. Kartentelefon 5 84 00 44. **Lange Nacht der Museen.** Ab 19 Uhr abends bis 3 Uhr morgens öffnen in der Region Heidelberg-Mannheim-Ludwigshafen über 100 Museen, Galerien, Künstlerateliers und Kultureinrichtungen für rund 30 000 Besucher ihre Pforten. Die große Vielzahl an Ausstellungen, Performances, Installationen, Lesungen, Tanz und Konzerten lassen erahnen, wie gigantisch das kulturelle Potenzial dieser drei Städte ist. www.museums-nacht.com

Ende April bis Anfang Mai: **Heidelberger Stückemarkt.** Jedes Frühjahr präsentieren hier eine Woche lang deutsche und europäische Nachwuchsautoren neue Formate und ungewöhnliche Sujets. Der Stückemarkt ist zur Förderung neuer Talente und moderner Dramatik mit einem Wettbewerb verbunden, der die neuen Talente auch über das Festival hinaus zum Schreiben ermutigen soll. Aktuelle Informationen unter www. heidelberger-stückemarkt.de

Mai/Juni: **Heidelberger Literaturtage.** Das Literaturfestival gehört seit 1994 zu den Höhepunkten des kulturellen Lebens in Heidelberg. Es finden zahlreiche Lesungen internationaler Schriftsteller, Autorengespräche und Musikveranstaltungen statt. Aktuelle Informationen finden Sie unter www. heidellittage.de

Juni bis September: **Schlossbeleuchtung** mit Feuerwerk Alte Brücke. Dreimal im Jahr wird ab 22 Uhr der Heidelberger Abendhimmel von der Alten Brücke aus mit einem prächtigen Feuerwerk in ein brillantes Farben- und Lichtermeer verwandelt.

Mitte Mai bis Ende Juni: **Heidelberger Schlossfestspiele** im Schloss Heidelberg. Vor der Kulisse der malerischen Schlossruine finden alljährlich die Inszenierungen der Heidelberger Schlossfestspiele statt. Sie gehören zu den 15 Top-Festivals der Metropolregion Rhein-Neckar und bieten Opern, Operetten, Liederabende, Schauspiel, Tanz, Kinder- und Jugendtheater, Konzerte sowie Lesungen. www.heidelberger-schlossfestspiele.de

Ende Juli: Seit den 1980er Jahren findet alljährlich in den Tagen vor Johann Sebastian Bachs Todestag am 28. Juli die **Heidelberger Bachwoche** statt, in der Bachs Werke zu anderen Bereichen der Musik, der Kunst oder der Religion in Beziehung gesetzt werden. Besonderes bewegend ist das abschließende Orgelkonzert in der Heiliggeistkirche, das immer am 27. Juli ab 23 Uhr in Bachs Todesnacht stattfindet. Aktuelles unter www.studentenkantorei.de

Juli/August: **Heidelberger Triathlon/ HeidelbergMan**. Bei diesem besonderen Triathlon schwimmen jedes Jahr rund 900 Teilnehmer von der Alten Brücke aus 1,7 Kilometer neckarabwärts, kämpfen sich dann per Rad in zwei Runden auf den Königstuhl und rennen anschließend 10 Kilometer über den Philosophenweg bis zum Ziel. In der Regel Ende Juli. Aktuelles unter www.heidelbergman.de.

Ende September: **Heidelberger Herbst**. Das Pendant zum Heidelberger Frühling. Traditionelles Stadtfest in der Altstadt mit Floh-, Kunsthandwerker- und Mittelaltermarkt, Schlemmerbuden und Livemusik, die die Stadt in der Nacht in ein großes, facettenreiches Open-Air-Konzert verwandelt. Jeweils am letzten Samstag im September.

Oktober bis November: **Enjoy Jazz**, das »Internationale Festival für Jazz und Anderes« in Heidelberg, Mannheim und Ludwigshafen präsentiert zahlreiche Veranstaltungen mit dem Schwerpunkt auf Jazz, aber auch angrenzenden Genres wie Klassik, Pop, Rock, HipHop oder Elektro. Aktuelles unter www.enjoyjazz.de

November: Das **Internationale Filmfestival Mannheim-Heidelberg** ist das sechstälteste internationale Filmfestival der Welt und widmet sich der Entdeckung neuer internationaler Talente. Es gibt nur Filme zu sehen, die noch auf keinem anderen großen Festival gespielt wurden. Aktuelle Informationen unter www.iffmh.de

Ende November bis zum 22.Dezember: **Heidelberger Weihnachtsmarkt.** Täglich von 11 bis 21 Uhr bieten über 140 Stände auf dem festlich geschmückten Weihnachtsmarkt auf sechs verschiedenen Plätzen Heidelbergs allerlei Geschenke und Leckeres für den Gaumen an.

Ende November bis Mitte Dezember: **Christmas on ICE** auf dem Karlsplatz. Auf einer der schönsten Eisbahnen Deutschlands mit Blick auf das Schloss, unter stimmungsvoll geschmückten Bäumen, kann jeder bei musikalischen Klängen auf der Open-Air-Eisbahn seine Runden drehen.

GÄRTEN UND PARKS

Neckarwiese

Die Heidelberger Neckarwiese mit ihrer fünf Hektar großen Fläche bietet einen idealen Raum für Erholung, Spiel, Sport und Spaß. Durch die Lage am Flussufer öffnet sich ein wunderschöner Blick auf die Altstadt und das Schloss.

Graham Park Handschuhsheim

Der beschauliche Park mit seinen alten Bäumen ist ideal für kleine Spaziergänge, ein Sonnenbad oder eine lauschige Ruhepause auf einer der zahlreichen Parkbänke.

■ **Strandurlaub: an der Neckarwiese.**

Botanischer Garten der Heidelberger Universität

Im Neuenheimer Feld 340
Der Botanische Garten der Universität Heidelberg wurde 1593 als Medizinkräuter-Garten (»Hortus Medicus«) von Henricus Smetius, Professor für Medizin, gegründet und ist somit der drittälteste Botanische Garten in Deutschland. Der jetzige, nun siebte, Garten wurde von Georg Klebs und dessen Obergärtner Erich Behnick im Neuenheimer Feld angelegt und 1915 eröffnet. Allerdings verlor der Garten kurz vor Ende des Zweiten Weltkrieges einen Großteil seiner Pflanzenbestände durch Bombeneinschläge. Die Schaugewächshäuser beherbergen einmalige Sammlungen u.a. von Sukkulenten der Alten und Neuen Welt, von Bromelien und neotropi-

schen Orchideen. Im Freiland bieten Alpinum, Farnschlucht, Binnendüne, verunkrauteter Weinberg, Moore und »System« dem Besucher eine breite Palette interessanter Gewächse und Pflanzenfamilien. Im ganzen Botanischen Garten sind derzeit rund 14 000 Pflanzenarten zu bewundern. Aktuelle Informationen unter www.botgart.bot.uni-heidelberg.de

Schlossgarten und Schlossterrassen

Ab 1616 schufen unter Friedrich V. hunderte tatkräftiger Hände aus dem steilen Neckarhang nach den Anweisungen von Salomon de Caus ein einzigartiges Gartenkunstwerk, das sich harmonisch mit dem Schloss verband. Zahlreiche Treppen führten zu fünf Terrassen, auf denen sich kleine Weiher mit Wasserspielen und hübsche Statuen zwischen symmet-

■ **Schlossgarten im Herbstzauber.**

risch angelegten Blumenbeeten und exotischen Gehölzen neben den beheizbaren Gewächshäusern der Orangerie und des Pomeranzen-gartens befanden. Rasch genoss der *Hortus Palatinus* den Ruf eines Wun-dergartens, das achte Weltwunder, und wurde von vielen Zeitgenossen beschrieben, besungen und gemalt. Mit der Zerstörung des Schlosses im 17. Jahrhundert wurde auch der Garten verwüstet und verwilderte in der Folgezeit. Erst Großherzog Karl Friedrich von Baden ließ den »Dschungel« roden und den Garten wieder in Form eines englischen Landschaftsparks mit Rasenflächen und Bäumen anlegen, so wie wir ihn heute kennen und ihn auch Goethe und die Romantiker bei ihren Besu-chen anfangs des 19. Jahrhunderts angetroffen haben. In einer Ecke des Parks nimmt weiterhin »Vater Rhein« zwischen unbequemen Felsbrocken sein Bad, auch wenn er jetzt in dem fast leer geräumten Parkgelände etwas verloren wirkt. Faszinierend geblieben

sind aber die zahlreichen Ausblicke auf Schlossruine und Stadt. Die mit Abstand schönste Aussicht bietet sich von der Scheffelterrasse in der nord-östlichsten Ecke des Schlossgartens. Der kurze Spaziergang dorthin lohnt sich unbedingt.

Skulpturenpark Heidelberg
Im Garten und Landschaftspark der Orthopädischen Universitätsklinik Heidelberg sind 24 große Freiland-skulpturen bedeutender deutscher und internationaler Künstler des 20. und 21. Jahrhunderts zu bewun-dern. Näheres erfahren Sie unter www.skulpturenpark-heidelberg.de.

AUSFLUGSLOKALE IN HEIDELBERG:

Bierhelderhof
Bierhelderhofweg 1
Telefon 2 28 27
Montag Ruhetag
www.bierhelderhof.de

Gute regionale Küche, Zutaten teilweise aus eigenem Anbau bzw. Fleisch aus eigener Zucht, schön gelegener Biergarten zwischen großen Platanen und Kastanienbäumen.

Restaurant Molkenkur

Telefon 65 40 80
Täglich
www.molkenkur.de
Schönes Hotel-Restaurant mit Panoramablick am Hang des Königstuhls. Bequem mit der Bergbahn, Station Molkenkur, erreichbar. Ein besonderes Highlight ist das regelmäßig stattfindende »Criminal Dinner«.

Alter Kohlhof

Kohlhof 5
Telefon 13 83 10
Winter: Montag–Mittwoch Ruhetag, Sommer: erfragen
www.alterkohlhof.de
Gemütlicher Ausflugsgasthof mit Biergarten in schöner Lage südlich vom Königstuhl. Regionale und deutsche Gerichte.

Waldschenke

Auf dem Heiligenberg 1
Telefon 4 38 56 49
Mittwoch–Sonntag ab 11 Uhr
www.waldschenke-heidelberg.de
Idyllisch im Wald gelegenes Restaurant/Café am Heiligenberg mit großem Biergarten. Gemütlich eingerichtete Gasträume.

Klosterhof Neuburg

Stiftweg 4
Telefon 6 53 05 59
Täglich
www.klosterhof-neuburg.de
Schön gelegenes Wanderlokal des biozertifizierten Landwirtschaftshofes beim Stift Neuburg, oberhalb des Neckartals. Sonniger Biergarten, gutbürgerliche Küche. An Wochenenden bei schönem Wetter manchmal sehr voll. Neben dem Restaurant gibt es auch einen Hofladen mit regionalen Bioprodukten.

CAFÉS IN DER HEIDELBERGER ALTSTADT

Café Weinstube Burkardt

Untere Straße 27
Täglich
www.cafe-burkardt.de
Gemütliches Café und Weinstube mit lauschigem Innenhof zum Draußensitzen. Leckere Kuchenauswahl und frisch zubereitete Speisen in nettem Ambiente.

■ **Kaffeeparadies Altstadt.**

■ **Café Knösel.**

Traditionsreiches Café mit schönem Außenbereich am Karlsplatz. Große und gute Kuchen- u. Tortenauswahl und gemütliche, ruhige Atmosphäre am Rande der Altstadt.

Café Knösel
Haspelgasse 20
Täglich
www.cafek-hd.de
Ältestes Heidelberger Café, in dem 1863 der »Studentenkuss« erfunden wurde. Große Kuchen- und Tortenauswahl und gemütliche Kaffeehausatmosphäre in traditionsreichem Ambiente. Kleiner Außenbereich.

Café-Terrasse Kurpfälzisches Museum
Hauptstraße 97
Täglich
www.restaurantkurpfaelzischesmuseumheidelberg.com
An schönen warmen Tagen ein lauschiger Ort für Kaffee und Kuchen. Man sitzt am plätschernden Springbrunnen des bezaubernden Gartens von Museum und Kunstverein.

Café Konditorei Schafheutle
Hauptstraße 94
Sonntag Ruhetag
www.cafe-schafheutle.de
Behagliches Kaffeehaus mit hellen Räumen und schönem kleinem Garten an der Fußgängerzone. Es ist besonders für seine leckeren Pralinen, Trüffel, Mousseschnitten und Desserts bekannt.

Café Schiller's
Heiliggeiststraße 5
Täglich
Kleines, sehr beliebtes Café mit behaglichem Wohnzimmer-Flair bei der Heiliggeistkirche. Reichhaltige

Café Blank
Schulzengasse 6
Täglich
www.cafeblank.de
Nettes Café und Bäckerei mit großer Auswahl an hausgemachten süßen Köstlichkeiten. Kleiner Außenbereich in einer Seitengasse.

Café Extrablatt
Hauptstraße 53 und 162
Täglich
www.cafe-extrablatt.com
Gleich zweimal in der Altstadt: Café mit reichhaltigem Frühstücks- und Snackangebot. Ein guter Platz zum gemütlichen und günstigen Brunchen.

Café Konditorei Gundel
Hauptstraße 212
Montag Ruhetag
www.gundel-heidelberg.de

Kuchen-, Trinkschokoladen- (über 50 verschiedene Sorten!) und Frühstücksauswahl.

Strohauer's Café Alt Heidelberg
Hauptstraße 49
Täglich
Gemütliches kleines Café mit gutem Frühstücksangebot und leckerer Kuchenauswahl (Strohauer's Viktoria-Torte!) in der Altstadt. Hübscher Jugendstilraum und schöner, fast tropisch eingegrünter Außenbereich mit Blick auf das quirlige Leben in der Hauptstraße.

Café Rossi
Rohrbacher Straße 4
Täglich
www.caferossi.de
Großes Café und Restaurant beim belebten Bismarckplatz. Im Sommer schöne Außenbewirtschaftung im Garten des schönen Gründerzeitbaus.

Casa del Caffè
Steingasse 8
Täglich
www.casa-del-caffe.de
Kleine italienische Kaffeebar, bietet bis spät in die Nacht Kaffeegenuss und kleine Köstlichkeiten. Trotz der sehr »touristischen« Steingasse angenehme und gemütliche Atmosphäre.

Chocolaterie Yilliy
Haspelgasse 7
Täglich
www.chocolaterie-heidelberg.de
Kleines Café und Laden mit nettem Ambiente. Gute Auswahl an süßen Leckereien. Neben Kaffee und Kuchen gibt es die unterschiedlichsten feinen Trinkschokoladen aus Deutschland, Belgien, Italien, Österreich, Frankreich, der Schweiz, Spanien und den USA.

Moro Café & Thé
Hauptstraße 160
Täglich
www.cafe-moro.de
Schönes Café mit gutem Kaffee-, Kuchen-, Eis- und Pralinenangebot. Interessante Mischung aus gründerzeitlichem Konfektgeschäft und Stehcafé.

CAFÉS IN NEUENHEIM UND HANDSCHUHSHEIM

Café Tiefburg
Steubenstraße 78, Handschuhsheim
Montag Ruhetag
www.cafe-tiefburg.de
Kuchen-, Torten-, Pralinen- und Eisparadies im Herzen von Handschuhsheim. Schnuckeliges, kleines Café.

Florian Steiner Kaffee und Wein
Lutherstraße 28, Neuenheim
Täglich außer an Feiertagen
www.floriansteiner.com

■ **Sitzen unter Palmen und Bananenstauden: Strohauer's.**

Gemütliches Café mit farbenfrohem Ambiente in Neuenheim. Leckere, qualitativ hochwertige Kaffeeauswahl mit eigener Rösterei.

CAFÉS IN DER WESTSTADT UND IN BERGHEIM

P11 – Café am Römerkreis
Bahnhofstraße 63
Täglich
www.p11-hd.de
Modernes Café im Retrostil in der Weststadt. Gutes Kaffee- und Kuchenangebot, wechselnder Mittagstisch

Stadtgarten-Café
Friedrich-Ebert-Anlage 2
Täglich
www.stadtgarten-heidelberg.com
Gemütliches Café-Restaurant und Lounge am Rande der Weststadt. Helles Ambiente mit zeitgenössischer Kunst an den Wänden.

GARTENLOKALE UND BIERGÄRTEN (GEÖFFNET IM SOMMER BEI SCHÖNEM WETTER)

Die meisten Heidelberger Lokale haben während der Sommermonate bewirtschaftete Außenbereiche. Der östliche Marktplatz verwandelt sich an warmen Tagen zu einem einzigen großen Biergarten, und auch in der Haupt-, der Stein- sowie der Unteren Straße gibt es viele schöne Möglichkeiten, draußen zu sitzen, und fast wie in südfranzösischen Gefilden fühlt man sich an lauen Sommerabenden auf dem gutbesuchten Neuenheimer Marktplatz.

RESTAURANTS MIT BESONDERS LAUSCHIGEN BIERGÄRTEN

Güldenes Schaf (Altstadt)
Hauptstraße 115
Täglich
Idyllischer Biergarten in der Altstadt und doch fast wie im Grünen. Originelles Erlebnisrestaurant mit mittelalterlichem Ambiente.

Zum Kroddeweiher
Wiesenweg 28
Montag Ruhetag
Gemütliche und beliebte Vereinsgaststätte im Handschuhsheimer Feld mit lauschigem Biergarten am idyllischen Kroddeweiher. Ein echter Geheimtipp!

Alt Hendese (Handschuhsheim)
Mühltalstraße 4
Täglich
Idyllischer Biergarten, schönes, auch bei Studenten beliebtes Lokal.

Gilbert's Goldener Anker
Handschuhsheimer Landstraße 96
Täglich
Schöner Biergarten von einem urigen, besonders bei Studenten beliebten Lokal in Handschuhsheim. An lauen Sommerabenden oft sehr voll.

Bierhelder Hof
Bierhelderhofweg 1
Montag Ruhetag
Hübscher Biergarten zwischen Wiesen und Obstbäumen.

Die Linde (Rohrbach)
Bierhelderweg 2
Montag Ruhetag
Schöner Biergarten im Schatten eines Lindenbaums.

RESTAURANTS, WEINSTUBEN IN DER ALTSTADT

Regionale und internationale Küche (mittlere Preisklasse)

Alte Münz
Neckarmünzgasse 10
Telefon 43 46 43
Täglich
Einfaches, beliebtes Lokal am Rand der Altstadt mit großer Auswahl an Schnitzelgerichten.

Essighaus
Plöck 97
Telefon 2 24 96
Täglich
www.essighaus-heidelberg.com
Kein vornehmer Gourmettempel, sondern einfache, etwas rustikale Gasträume, in denen schmackhafte und vor allem günstige Hausmannskost serviert wird. Besonders nett ist der gleichermaßen von Studierenden und Touristen besuchte Biergarten.

Romer
Grabengasse 7
Telefon 65 00 60
Täglich
www.restaurant-romer.de
Moderne deutsche und internationale Küche, wechselnder Mittagstisch, schickes modernes Design, schöner Außenbereich.

Herrenmühle
Hauptstraße 237–239
Telefon 60 29 09
Montag bis Samstag ab 18 Uhr, Sonntag Ruhetag
www.herrenmuehle-heidelberg.de
Schönes Gasthaus mit feiner regionaler Küche östlich des Karlsplatzes.

■ **Herrenmühle.**

Heimeliger Außenbereich in hübsch eingegrüntem Innenhof. Stilvolles Ambiente.

Kulturbrauerei
Leyergasse 6
Telefon 50 29 80
Täglich
www.heidelberger-kulturbrauerei.de
Seit 1998 blubbert in den Kupferkesseln der umgebauten ehemaligen Brauerei Schaaf wieder der Gerstensaft. Er wird gleich daneben im wunderschönen historischen Tanzsaal ausgeschenkt und dazu gibt es deftig Herzhaftes aus der Brauereiküche. Im Sommer kann man das Ganze im gemütlichen Biergarten im Innenhof genießen.

Oskar
Haspelgasse 5
Telefon 4 31 90 34
Sonntag Ruhetag
www.oskar-hd.de

■ **Hier fließt der selbstgebraute Gerstensaft.**

Gute lokale und mediterrane Küche, schön gestaltete moderne Galsträume im Herzen der Altstadt. Tischreservierung empfohlen.

Palmbräu Gasse
Hauptstr 185
Telefon 2 85 36
Täglich
www.palmbraeu-gasse.de
Uriges Lokal im Herzen der Altstadt mit guter und solider Hausmannskost. Große Getränkekarte.

Kurpfälzisches Museum
Hauptstraße 97
Telefon 2 40 50
Täglich
www.restaurantkurpfaelzischesmuseumheidelberg.com
Schönes Lokal mit hübschem Außenbereich im ruhig gelegenen, stimmungsvollen Garten des Museums. Deutsche und internationale Gerichte.

Schmidts an der Heiliggeistkirche
Hauptstraße 187
Telefon 6 54 90 65
Montag Ruhetag (in den Frühlingsmonaten)
www.schmidts-hd.de
Modern und schick gestaltetes Restaurant in der Altstadt mit deutschen und internationalen Gerichten. Große Getränkeauswahl.

Weisser Bock
Große Mantelgasse 24
Telefon 9 00 00
Täglich
www.weisserbock.de
Hervorragende deutsche Küche, angenehme Atmosphäre. Für den besonderen Anlass. Tischreservierung wird empfohlen.

Wirtshaus Zum Nepomuk
Obere Neckarstraße 2
Telefon 73 91 30
Täglich
www.hotel-zur-alten-bruecke.de
Schönes Traditionslokal mit Außenbewirtschaftung im romantischen Innenhof, direkt an der Alten Brücke. Gute regionale und deutsche Küche.

Zum Ritter St. Georg
Hauptstraße 178
Telefon 13 50
Täglich
www.ritter-heidelberg.de
Traditionsreiche Gaststätte im berühmtesten Renaissance-Bürgerhaus von Heidelberg. Lokale, deutsche und internationale Gerichte in zünftigem Ambiente.

RESTAURANTS, WEINSTUBEN IN NEUENHEIM UND HANDSCHUHSHEIM

Dorfschänke
Lutherstraße 14
Telefon 41 90 41
Täglich
www.dorfschaenke-hd.com
Kleines, liebevoll eingerichtetes Lokal beim Neuenheimer Marktplatz mit leckerer regionaler Küche. Kleiner Außenbereich an der Lutherstraße.

Marktstübel
Ladenburger Straße 18
Telefon 6 55 61 19
Beliebtes Restaurant am Neuenheimer Marktplatz mit guter bodenständiger Küche und dem behaglichen Charme einer alten badischen Weinstube. Schöner Außenbereich am Marktplatz. Im Vergleich zu den umliegenden Lokalen eher günstige Preise.

Das Lamm
Pfarrgasse 3
Telefon 4 79 30
Täglich
www.lamm-heidelberg.de
Traditionsreicher Gasthof in Handschuhsheim mit schönen Gasträumen und sehr guter Küche. Hübscher Biergarten, guter Mittagstisch. Abends Tischreservierung empfohlen.

Schützenhaus
Höllenbachweg 20
Telefon 4 34 79 63
Winter: Montag und Dienstag, Sommer: Montag Ruhetag
www.schuetzenhaus-hd.de
Gemütliches Restaurant mit schönem Außenbereich in Handschuhsheim. Leckere regionale und deutsche Gerichte zu reellen Preisen.

Alt Hendesse
Mühltalstraße 4
Telefon 48 05 17
Täglich
www.alt-hendesse.de
Charmantes Weinlokal mit gemütlichem Gasthausambiente in Handschuhsheim, geschmackvolle und zünftige Wirtshauseinrichtung, schöner Biergarten. Gute badische und internationale Gerichte. Im Winter oder bei schlechtem Wetter Tischreservierung empfohlen.

■ **Gastronomie in der Unteren Straße.**

RESTAURANTS, WEINSTUBEN IN DER WESTSTADT UND IN BERGHEIM

Hugo Wine & Dine
Rohrbacherstraße 47
Telefon 5 86 01 20
Täglich
www.hugo-hd.de
Beliebtes Restaurant mit guter Küche. Lokale, deutsche und internationale Gerichte. Gutes Weinangebot. Edles, stilvolles Ambiente.

Merlin Café-Restaurant
Bergheimer Straße 85
Telefon 65 78 56
Täglich
www.cafe-merlin.de
Restaurant im Stadtteil Bergheim, gemütliches Ambiente, deutsche und internationale Speisekarte.

RESTAURANTS, WEINSTUBEN IN DER SÜDSTADT UND IN ROHRBACH

Die Linde
Bierhelderweg 2
Telefon 30 78 00
Sonntag und Montag Ruhetag
www.die-linde.com
Gemütliches Restaurant im Herzen von Rohrbach mit deutscher und internationaler Küche. Es werden immer auch gute vegetarische Gerichte angeboten.

GOURMETKÜCHE: FÜR DEN BESONDEREN ABEND (GEHOBENE PREISKLASSE)

Restaurant Le Gourmet und Restaurant Mensurstube
Hirschgasse 3
Telefon 45 40
Le Gourmet: Sonntag und Montag Ruhetag, Mensurstube: Sonntag Ruhetag (beide Lokale nur abends)
www.hirschgasse.de
Gehobene Restaurants mit sehr edlem und stilvollem Ambiente im Hotel Hirschgasse auf der Nordseite des Neckars am östlichsten Zipfel von Neuenheim. Hervorragende regionale Gourmetküche. Tischreservierungen empfohlen.

Kurfürstenstube
Friedrich-Ebert Anlage 1
Telefon 51 50
Täglich
www.kurfuerstenstube.de
Gourmetrestaurant im traditionsreichen Hotel »Der Europäische Hof«. Stilvolle Gasträume, hervorragende deutsche und internationale Küche. Tischreservierungen empfohlen.

Schwarz das Restaurant
Kurfürsten-Anlage 60
Telefon 75 70 30
Sonntag, Montag Ruhetag
www.schwarzdasrestaurant.de
Man tafelt in modernen Räumen mit schick designtem Ambiente und einmaligem Panoramablick über die ganze Region. Gute deutsche und internationale Küche. Tischreservierungen empfohlen.

■ **Quicklebendige Relikte einstiger Studentenherrlichkeit: das Seppl und der Rote Ochsen.**

AUF DEM NECKAR

Café-Bar-Restaurant Schlossblick
Neuenheimer Ufer 7
Telefon 47 54 5
Täglich
www.schlossblick-heidelberg.com
Das Schiffsrestaurant »Schlossblick«
bietet auf einem Neckarschiff mit
schöner Aussicht auf die Heidelberger
Altstadt mediterrane und deutsche
Gerichte an.

Heidelberg Suites Patria
Neuenheimer Landstraße 12
Telefon 6 55 65-0
Täglich (genaue Zeiten erfragen,
Januar bis März geschlossen)
www.heidelbergsuites.com/patria
Italienische, mediterrane Gerichte in-
klusive Rundfahrten auf dem Neckar
mit schönen Ausblicken auf Heidel-
berg. Elegantes, stilvoll renoviertes
Hotel-Schiff aus den 1930er Jahren.

HISTORISCHE STUDENTENLOKALE

Roter Ochsen
Hauptstraße 217
Telefon 2 09 77
Sonntag Ruhetag
www.roterochsen.de
Eines der ältesten und traditionsreichsten Studentenlokale Heidelbergs
und seit über 170 Jahren im Familien-
besitz. Hier wurden schon Promis wie
John Wayne und Marylin Monroe
als Gäste begrüßt. In den schönen,
historischen Gasträumen schmecken
die leckeren gutbürgerlichen Gerichte
gleich nochmal so gut. Zum gemütlichen studentischen Ambiente mit
vielen alten Bildern und Studenten-
krügen gibt's häufig noch die passende
Musik am Klavier dazu.

Schnookeloch
Haspelgasse 8
Telefon 13 80 80
Täglich
www.schnookeloch.de

■ **Studentenlokal Schnookeloch.**

Historisches Heidelberger Studentenlokal, in dem die ersten Besucher wohl gerne von Schnaken heimgesucht wurden. Gesellige Atmosphäre, in der bei Wein und Klaviermusik auch mitgesungen werden kann. Die meisten der Besucher haben mittlerweile das Studentenalter zwar überschritten, das Lokal versprüht aber immer noch das Flair der alten Studentenherrlichkeit.

Zum Seppl
Hauptstraße 213
Telefon 2 30 85
Sonntag und Montag Ruhetag
www.zum-seppl.de
Wer gerne in die alte Heidelberger Studentenherrlichkeit eintauchen möchte, der sollte auch das Seppl nicht versäumen. Allein die alten Gasträume mit den Wänden voller alter Fotos, Inschriften, mit Messern durchlöcherten Tische und die fast legendäre Schildersammlung sind schon einen Besuch wert. Auch hier gibt es an mehreren Tagen in der Woche Klaviermusik. Das Gasthaus gehört heute zur Kulturbrauerei Heidelberg, die selbstgebrautes Bier anbietet. Die bunten Glasfenster mit den Wappen der fünf Heidelberger Studentencorps wurden 1884 aus Dank von den Corpsmitgliedern gestiftet. Damals hatte der Wirt Joseph Ditteney, kurz Sepp genannt, nach heftigen Auseinandersetzungen der Corps mit einer katholischen Verbindung und der daraufhin erfolgten Bestrafung eine kleine »Bürgerdemo« nach Karlsruhe angezettelt, die sich beim Großherzog Friedrich I. mit Erfolg beschwerte. Seither ist das einstige Wolf'sche Brauereilokal nur noch das »Seppl«.

GASTRONOMIE AFRIKANISCH

Kilimanjaro
Dreikönigsstraße 6
Telefon 7 29 39 39
Montag Ruhetag
www.kilimanjaro-heidelberg.de
Schön eingerichtetes Restaurant in der Altstadt mit leckeren eritreischen und ostafrikanischen Gerichten.

GASTRONOMIE AMERIKANISCH

Mandy's Railway Diner
Speyerer Straße 1
Telefon 80 82 05
Täglich
www.mandys-hd.de
Amerikanisches Lokal südlich vom
Hauptbahnhof in einem umgebauten
Eisenbahnwaggon aus den 1950er
Jahren. Hier gibt es alles, was das US-
Herz höher schlagen lässt: Pancakes,
Steaks, Hamburger und vieles mehr.
Originelles Ambiente.

Heid's
Speyerer Straße 15
Telefon 18 00 11
Montag Ruhetag
www.heids-heidelberg.de
Ein paar Häuser weiter vom Mandy's:
Nette Location mit angenehmem Am-
biente südlich vom Hauptbahnhof.
Leckere amerikanische und internati-
onale Gerichte.

GASTRONOMIE FRANZÖSISCH

Le Coq
Brückenstraße 17
Telefon 41 11 33
Täglich
www.lecoq-heidelberg.de
Kleines Restaurant mit leckeren, vor-
wiegend französischen Gerichten in
Neuenheim. Gemütliches Ambiente
und kleiner Außenbereich an der
Brückenstraße.

Restaurant Tati
Bergheimer Straße 151
Telefon 18 27 04
Sonntag Ruhetag
www.restaurant-tati.de

1995 wurde in dem leer stehenden
ehemaligen Pferdestall der Zigarren-
fabrik P.J. Landfried dieses charmante
Restaurant eingerichtet. Hier wird vor
allem nach französischen Rezepten
gekocht, aber es werden auch Gerichte
aus anderen Ländern angeboten. Beliebtes Lokal mit leckerer Küche und
bezahlbaren Preisen.

GASTRONOMIE INDISCH

Taj Mahal Tandoori
Bergheimer Straße 134
Telefon 16 64 61
Täglich
www.tajmahal-heidelberg.de
Indisches Lokal mit schönem,
geschmackvollem Ambiente. Große
Auswahl an leckeren und liebevoll
angerichteten Speisen.

Raja Rani
Friedrichstraße 15
Telefon 6 53 08 93
Täglich
Gutes und günstiges Lokal in der
Nähe der Universität. Die Atmosphäre
erinnert vielleicht ein bisschen an
einen Schnellimbiss, aber die Gerichte
sind lecker.

GASTRONOMIE ITALIENISCH

Cesarino Enoteca
Handschuhsheimer Landstraße 118
Telefon 43 44 41
Sonntag und Feiertag geschlossen
Gutes italienisches Restaurant in
Handschuhsheim mit leckeren
Gerichten, schönes gemütliches Am-
biente. Reservierung empfohlen.

■ **Fast schon eine Legende: das POP.**

Da Vinci
Bahnhofstraße 29
Telefon 2 86 60
Montag Ruhetag
www.davinci-heidelberg.de
Italienisches Restaurant mit guter, bodenständiger Küche, schickes, modern gestaltetes Ambiente. Reservierung empfohlen.

Weißes Rössel – Cavallino Bianco
Hauptstraße 210
Telefon 43 23 00
Täglich
www.weissesroessel.de
Schönes italienisches Restaurant in traditionsreichem Wirtshaus in der Altstadt. Gemütliche, helle Inneneinrichtung, gute Speisekarte mit vielen leckeren italienischen Gerichten.

POP
Untere Straße 17
Telefon 2 55 59
Sonntag Ruhetag
www.pop-restaurant.de
Das POP ist eine Heidelberger Institution und Kult-Restaurant in der Unteren Straße. Das einzigartige 60er-Jahre-Interieur mit einem Mix aus Wellblech, Autoteilen und Drucken von Andy Warhol und Roy Lichtenstein ist denkmalgeschützt. Gute italienische Küche. Ohne Reservierung geht am Wochenende allerdings nichts.

GASTRONOMIE JAPANISCH

Same Same
Steingasse 3
Telefon 7 29 17 37
Täglich
www.sushiheidelberg.de
Beliebtes kleines japanisches Restaurant in der Altstadt, direkt bei der Alten Brücke. Große Auswahl an leckeren Sushi-Gerichten, Mittagsmenüs. Schön gestaltete Gasträume.

Konomi
Untere Neckarstraße 54
Telefon 16 75 16
Montag (April–Juli auch Sonntag) Ruhetag, Sonntag und Feiertag mittags geschlossen
www.konomi.de
Gutes japanisches Restaurant mit ausgefallener Speisekarte. Schönes Ambiente.

GASTRONOMIE ORIENTALISCH, ARABISCH

Soltana
Hauptstraße 115
Telefon 2 08 79
Täglich
www.soltana-restaurant.de

Gepflegtes Restaurant mit guter nordafrikanischer und mediterraner Küche, sehr schöne orientalisch eingerichtete Gasträume im marokkanischen Stil. Geschmackvolles Interieur aus Marrakesch.

Gutes türkisches Restaurant am Rande der Altstadt. Reichhaltige Speisekarte mit vielen leckeren Gerichten. Gemütliche Atmosphäre. Mittwochabend Bauchtanz. Reservierung wird empfohlen.

GASTRONOMIE SPANISCH

Bodega Don Jamón
Bierhelderweg 4
Telefon 37 43 12
Sonntag Ruhetag
www.bodega-heidelberg.de
Kleines spanisches Restaurant in Rohrbach. Hervorragende Küche, die auch viele leckere Tapas- und Fischgerichte bietet. Liebevoll gestaltetes spanisches Ambiente, kleine Außenbewirtschaftung. Nur abends geöffnet. Tischreservierung empfehlenswert.

GASTRONOMIE THAILÄNDISCH

Orchid Royal
Bergheimer Straße 137
Telefon 16 16 45
Montag Ruhetag
www.orchid-heidelberg.de
Schönes Thai-Restaurant mit guter Küche in Bergheim in der Nähe des Hauptbahnhofes. Reservierung wird empfohlen.

GASTRONOMIE TÜRKISCH

Alte Gundtei
Zwingerstraße 17
Telefon 2 93 95
Täglich
www.alte-gundtei.com

GASTRONOMIE VEGETARISCH

Es gibt viele Lokale in Heidelberg, die vegetarische Speisen anbieten. Eine reichhaltige vegetarische Speisekarte bieten traditionell die indischen, afrikanischen und orientalischen Restaurants. Hier rein vegetarische Restaurants:

Effulgence-Waves | Das grüne Restaurant
Kurfürstenanlage 9
Telefon 2 28 14
Montag und Feiertag Ruhetag
www.das-grüne-restaurant.de
Seit 1994 werden in den »Glitzernden Wellen« vegetarische Speisen aus hochwertigen Zutaten angeboten. Täglich wechselnde Gerichte aus der regionalen und internationalen vegetarischen Küche. Angenehmes Ambiente und ruhige Atmosphäre.

Red
Poststraße 42
Telefon 9 14 52 06
Sonntag Ruhetag
www.red-diegruenekueche.com
Modern und freundlich gestaltetes vegetarisches Restaurant im Stadtteil Bergheim. Gute und hochwertige Gerichte. Große Auswahl am Buffet, wo nach Gewicht bezahlt wird.

■ **Naturparadies Heidelberg.**

MIT KINDERN IN HEIDELBERG: PROGRAMM FÜR FAMILIEN

Im *ExploHeidelberg*, dem interaktiven Zentrum mit naturwissenschaftlichem Bildungsangebot, können Kinder, Erwachsene und Lehrer zusammen mit Wissenschaftlern die Grundphänomene der Naturwissenschaften in gemeinsamen Experimenten und Projekten spielerisch erleben. Dafür gibt es eine interaktive Ausstellung, ein Medien- und ein Lernlabor. In dieser modellhaften Einrichtung arbeiten Schule, Wissenschaft und Wirtschaft zusammen, um Wissenschaft verständlich und spannend zu machen, damit so nachhaltig der Innovations-, Forschungs- und Entwicklungsgeist bei den Kindern gestärkt wird.

Technologiepark Heidelberg
Im Neuenheimer Feld 582
Telefon Ausstellung 7 28 23 46
Telefon Lernlabor 7 29 92 72
Telefon Medienlabor 7 28 23 46
www.explo-heidelberg.de

Kinderstadtplan der Heidelberger Altstadt mit interessanten Infos:
www.heidelberg.de/kinderstadtplan

Spielplatz Neckarwiese
Die ausgedehnten Wiesen am Neuenheimer Neckarufer bieten Raum für allerlei Spiele. Dazu gibt es verschiedene Turngeräte, ein Planschbecken und einen Kiosk. Direkt am Neckar ist Vorsicht geboten.
Zwischen Uferstraße und Neckar.

Hallen-Freizeitpark »Jumpinn«
Freiraum zum ausgiebig Spielen, und das bei jedem Wetter, bietet der Hallen-Spielpark Jumpinn Heidelberg. Hier werden auf 2000 Quadratmetern Spielaktivitäten wie Airhockey, Softball-Shooting, Riesenlabyrinth, Luft- und Röhrenrutsche, Trampoline, Kletterspielanlagen etc. abgeboten. Im Außenbereich stehen Fußballplätze und eine Minigolf-Anlage bereit.
Harbigweg 1
Telefon 60 21 06
www.jumpinn-heidelberg.de
Straßenbahn Linie 26,
Haltestelle »Neuer Messplatz«

Kreatives Arbeiten
In der **MALSTUBE**, die sich in der Museumswerkstatt des Kurpfälzischen Museums befindet, kann an

drei Nachmittagen gemalt, gezeichnet, modelliert und gebastelt werden. Nach dem Museumsbesuch können hier die Kinder vorbeikommen und ihre Ideen zu den unterschiedlichsten Themen äußern und künstlerisch umsetzen. Sie werden dabei von einer Museumspädagogin unterstützt.

Kurpfälzisches Museum der Stadt Heidelberg
Hauptstraße 97
Telefon 5 83 40 00 (Sekretariat des KMH)
www.museum-heidelberg.de (siehe unter Museumspädagogik)

Märchenparadies

Auf 48 000 Quadtratmetern Waldgelände erleben Kinder Hänsel und Gretel hautnah und begegnen Frau Holle und Schneewittchen. Dazu gibt es allerlei Betätigungsmöglichkeiten wie Trampolinspringen, Buggy-Rennstrecke, Karussellfahrten oder Spielen in der Drachenburg.
Königstuhl 5
Telefon 2 34 16
März bis Mitte November
www.maerchenparadies.de

Natürlich Heidelberg

Es gibt in und um Heidelberg im Rahmen von »Natürlich Heidelberg« alljährlich eine ganze Reihe von Exkursionen und Veranstaltungen für Kinder, bei denen ihnen die Natur und das Ökosystem in und um Heidelberg anschaulich und spielerisch nähergebracht werden. Aktuelles erfahren Sie unter »www.natuerlich. heidelberg.de«.

Eine Besonderheit ist der Walderlebnispfad Via Naturae auf dem Königstuhl in Heidelberg. Er ist Teil des Projektes »Schonwald Königstuhl«.

Dieser Weg beginnt an der hölzernen Wegtafel »Via Naturae« mit rotem Pfeil etwas oberhalb des Parkplatzes auf dem Königstuhl und ist gut ausgeschildert.

Der Rundweg führt die Familien über acht Kilometer tief in den Schonwald Königstuhl hinein. Wer nicht die ganze Strecke erwandern möchte, kann sich für eine kürzere Variante von 3,5 Kilometern entscheiden. Zahlreiche Bildtafeln informieren Kinder und Erwachsene über den Wald als Lebensgrundlage für Tiere und Menschen.

Anfahrt mit öffentlichen Verkehrsmitteln: Mit der Bergbahn von der Station Rathaus/Bergbahn bis zur Endstation Königstuhl oder mit der Buslinie 39 ab Bismarckplatz bis Endhaltestelle Königstuhl.

Mit dem Auto: Richtung Heidelberger Altstadt und dort in die Klingenteichstraße einbiegen. Dann den Schildern hoch zum Königstuhl folgen. Auf dem Königstuhl gibt es Parkplätze.

Kontakt: Walderlebnispfad Königstuhl
Zwingerstraße 20
Telefon 5 81 05 80
April bis November (je nach Wetterlage)

KinderTheaterFestival: Seit vielen Jahren findet Anfang Oktober auf der Neckarwiese ein Festival für Kinder statt. Besonders an den Nachmittagen warten auf die Kleinen viele Überraschungen wie eine Künstlerkolonie, ein Märchenzelt und allerlei Spielaktionen.

Aktuelles: www.kulturfenster.de/ kindertheaterfestival

Zoo Heidelberg

Nach umfangreichen Renovierungs-
arbeiten hat der Heidelberger Zoo
viel an Attraktivität für die Tiere
und die Besucher gewonnen. Es gibt
zahlreiche Highlights wie das neue
Elefantenhaus, die liebevoll gestaltete kleine Küstenlandschaft mit
Leuchtturm für Nordseevögel, die
afrikanische Savanne, das großzügig
angelegte Affenrevier oder den offen
zugänglichen Streichelzoo.
Tiergartenstraße 3
Täglich
Sommer 9–19 Uhr
März/Oktober 9–18 Uhr
Winter 9–17 Uhr
www.zoo-heidelberg.de

MÄRKTE, WOCHENMÄRKTE (AUSWAHL)

Wochenmärkte *(regionale Lebensmit-
tel, Blumen und Pflanzen)*
Hier können Sie in der Regel bis
13 Uhr einkaufen, samstags auf dem
Marktplatz der Altstadt bis 14 Uhr.
Aktuelles siehe auch: www.wochen-
markt-heidelberg.de
Montag: Weststadt, Wilhelmsplatz
Dienstag: Altstadt, Friedrich-Ebert-
Platz
Mittwoch: Altstadt, Marktplatz;
Neuenheim, Marktplatz
Donnerstag: Weststadt, Wilhelmsplatz
Freitag: Altstadt, Friedrich-Ebert-Platz
Samstag: Altstadt, Marktplatz; Neuen-
heim, Marktplatz; Handschuhsheim,
Tiefburgvorplatz

Blumenmarkt
Altstadt, Anatomiegarten in der
Hauptstraße/Ecke Akademiestraße

Freitag: 14.30 Uhr bis spätestens
Ladenschluss
Samstag: 11 Uhr bis spätestens Laden-
schluss

MUSEEN IM STADTGEBIET VON HEIDELBERG (AUSWAHL)

**Antikenmuseum und Abguss-
Sammlung**
In der Abguss-Sammlung der Universität sind die Gipskopien antiker
Skulpturen ausgestellt, die seit dem
19. Jahrhundert als wichtiges Lehrmit-
tel im Archäologie-Studium eingesetzt
werden. Weniger spektakulär sind die
Exponate im Antikenmuseum, dafür
sieht man hier hauptsächlich Origi-
nale wie bemalte etruskische Vasen,
griechische und römische Terrakotten
oder Kleinbronzen.
Institut für Klassische Archäologie
der Universität Heidelberg
Neues Kollegiengebäude
Marstallhof 4
Telefon 54 25 15 oder 54 25 12

**Kurpfälzisches Museum der Stadt
Heidelberg**
Seit 1908 lädt eines des besterhalte-
nen Barockpalais der Heidelberger
Altstadt mit seinen kostbaren Samm-
lungsbeständen zur Kurpfalz und
exklusiv eingerichteten Stilräumen zu
einem Einblick in das Leben und die
Wohnkultur vergangener Jahrhunderte ein. Große Teile der teilweise
sehr kostbaren Exponate sind aus
dem Ankauf der Graimberg'schen
Alterthümerhalle 1878/79 durch die
Stadt hervorgegangen. Highlights
sind der Zwölfbotenaltar von Tilman
Riemenschneider und das kurfürstli-

che Tafelsilber aus dem 18. Jahrhundert. Die archäologische Abteilung des Hauses präsentiert Funde von der Ur- und Frühgeschichte bis zur Römerzeit. Im Kupferstichkabinett des Kurpfälzischen Museums werden rund 19 000 graphische Blätter verwahrt, davon etwa 6000 Handzeichnungen. Sammlungsschwerpunkte bilden neben Heidelbergensien, Darstellungen der Stadt, ihrer Bauten und historischer Ereignisse, die Arbeiten kurpfälzischer Hofkünstler und vor allem die reichen Bestände an Werken der Romantiker. Zu den wichtigsten Zeugnissen romantischer Kunst in Deutschland überhaupt zählen die Porträtzeichnungen und Landschaften Carl Philipp Fohrs und die Landschaftsdarstellungen von Carl Rottmann und Ernst Fries.
Hauptstraße 97
Telefon 583 4-000 oder -020 (Sekretariat und Kasse)
Dienstag–Sonntag 10–18 Uhr, Montag sowie teilweise an Feiertagen geschlossen
www.museum-heidelberg.de

Carl-Bosch-Museum
In dem »Garagenhaus« des Heidelberger Nobelpreisträgers Carl Bosch (1874–1940) werden die interessantesten und spannendsten Episoden aus dem Leben und Wirken des berühmten Heidelbergers gezeigt. Die Themen reichen von der Entwicklung der chemischen Technik bis hin zur Rolle der I.G. Farbenindustrie im Nationalsozialismus. Die Ausstellung ist in acht Stationen gegliedert. Mit dem neuen »Museum am Ginkgo« hat das Museum zusätzliche Räume zur Präsentation von Sonderausstellungen.

■ **Carl-Bosch-Museum: das Garagenhaus.**

Schloß-Wolfsbrunnenweg 46
Telefon 60 36 16
Freitag–Mittwoch 10–17 Uhr
(Donnerstag geschlossen)
www.carl-bosch-museum.de

Deutsches Apotheken-Museum
Das Deutsche Apotheken-Museum im Heidelberger Schloss besitzt einzigartige pharmazeutische Sammlungen aus vier Jahrhunderten, seltene Apothekenoffizinen sowie ein alchimistisches Laboratorium. Es ist eines der meistbesuchten Museen in Deutschland. Der Eintritt in das Museum ist in das Schlossticket integriert.
Schlosshof 1
Telefon 2 58 80
April–Okt. täglich 9.30–18 Uhr
Nov.–März täglich 10–17.30 Uhr
www.deutsches-apotheken-museum.de

Geologisch-Paläontologisches Museum der Universität Heidelberg

Neben einer umfangreichen Gesteins- und Fossiliensammlung ist das Herzstück des Museums der weltberühmte Unterkiefer des *Homo erectus heidelbergensis*, der lange Zeit als ältestes Fundstück europäischer Menschenahnen galt.

Im Neuenheimer Feld 234–235, Telefon 54 60 46

Montag–Freitag 8–17 Uhr oder nach Vereinbarung

www.universitaetssammlungen.de/sammlung/402

Deutsches Verpackungsmuseum e.V.

Direkt in der Heidelberger Altstadt gelegen, befindet sich in einer restaurierten »Nothkirche« eine in Deutschland einmalige Sammlung mit vielen interessanten und kuriosen Warenverpackungen seit dem frühen 19. Jahrhundert. Interessant sind auch die originell und informativ zusammengestellten Wechselausstellungen.

Hauptstraße 22 (Innenhof)

Telefon 2 13 61

Mittwoch–Freitag 13–18 Uhr

Samstag, Sonntag und Feiertag 11–18 Uhr

Montag und Dienstag (außer feiertags) geschlossen

www.verpackungsmuseum.de

Sammlung Prinzhorn

Seit 2001 befindet sich in einem zum Museum umgebauten Hörsaalgebäude die nach dem Arzt und Kunsthistoriker Hans Prinzhorn (1886–1933) benannte Sammlung. Prinzhorn trug während seiner Assistenzzeit zwischen 1919 und 1921 rund 5000 Werke zusammen, die zwischen 1880 und 1920 in psychiatrischen Anstalten vorwiegend des deutschsprachigen Raums entstanden sind.

Die von etwa 450 Patienten zusammengetragene Sammlung umfasst Aquarelle, Skizzen, Ölgemälde, Skulpturen und Collagen, in denen sich Zeitgeschichte und ihre Ideologien, aber auch das individuelle Leben vor der Erkrankung sowie die oft zerstörende Anstaltsinternierung zeigt. Prinzhorn veröffentliche die Ergebnisse seiner Sammlung in seinem ersten Buch »Bildnerei der Geisteskranken. Ein Beitrag zur Psychologie und Psychopathologie der Gestaltung«. Dieses umfangreich bebilderte Werk fand in Psychologen- und Künstlerkreisen große Beachtung und Künstler wie Alfred Kubin, Paul Klee, Max Ernst, Salvador Dalí oder Pablo Picasso ließen sich von den Patientenwerken faszinieren und inspirieren.

Klinik für Allgemeine Psychiatrie, Universitätsklinik Heidelberg

Voßstraße 2

Telefon 56-44 92

Dienstag, Donnerstag–Sonntag 11–17 Uhr

Mittwoch 11–20 Uhr (Feiertag bis 17 Uhr)

Montag geschlossen

www.prinzhorn.ukl-hd.de

Dokumentations- und Kulturzentrum Deutscher Sinti und Roma

Eine ständige Ausstellung zum Schicksal der Roma zur Zeit des Nationalsozialismus erinnert an den nationalsozialistischen Völkermord an 500 000 Menschen dieser Volksgruppe in ganz Europa. Auf 700 Quadratmetern werden die unterschiedlichsten Roma-Biografien nachgezeichnet.

Bremeneckgasse 2
Telefon 98 11 02
Dienstag, Mittwoch, Freitag
9.30–16.30, Donnerstag 9.30–20,
Samstag und Sonntag 11–16 Uhr
Montag und Feiertag geschlossen
www.sintiundroma.de

Universitätsmuseum mit Studentenkarzer

Das Universitätsmuseum befindet sich
in den drei Erdgeschossräumen der
Alten Universität, in denen um 1800
die naturgeschichtlichen Sammlungen
aufbewahrt wurden. Der Gang durch
die Universitätsgeschichte gliedert
sich chronologisch in die Epoche
der Pfälzer Kurfürsten, die badische
Zeit und das zwanzigste Jahrhundert.
Ebenfalls besichtigt werden kann die
Alte Aula im Obergeschoss, die anlässlich des Universitätsjubiläums von
1886 im Inneren prachtvoll im Stil des
Historismus umgestaltet wurde.
Der Studentenkarzer diente der
Universität Heidelberg zwischen 1778
und 1914 als universitäre Arrestzelle
und der akademischen Gerichtsbar-
keit. Bis zu vier Wochen konnten
hier Studenten wegen Delikten wie
nächtliche Ruhestörung, Verhöhnung
der Obrigkeit und dergleichen fest-
gehalten werden. Genug Zeit, um die
Wände mit allerlei kuriosen Bildnis-
sen und aufmüpfigen Inschriften zu
»verzieren«. Die historischen Graffiti
stammen aus den letzten Jahrzehnten
seines Bestehens. Damals war ein
»Kerkeraufenthalt« fast schon ein
Muss für Verbindungs- und Korps-
studenten und wurde eher als Spaß
verstanden. Die »Inhaftierten« gaben
den einzelnen Zimmern Namen wie
«Sanssouci«, »Solitude« oder »Palais

■ **Einmaliges Zeitdokument:
der Studentenkarzer.**

Royal«. Ein wirklich sehenswertes
Zeugnis aus den Tagen vergangener
Studentenherrlichkeit.
Universitätsmuseum und Alte Aula
Grabengasse 1
Studentenkarzer
Augustinergasse 2
Telefon 54 35 54
Öffnungszeiten Universitätsmuseum:
April–Okt. Dienstag–Sonntag
10–18 Uhr, Nov.–März
Dienstag–Samstag 10–16 Uhr
Studentenkarzer: April bis Okt.
täglich 10–18 Uhr, Nov. bis März
Montag–Samstag 10–16 Uhr
www.uni-heidelberg.de/
einrichtungen/museen

Stiftung Reichspräsident-Friedrich-Ebert-Gedenkstätte

Im Geburtshaus des ersten Reichspräsidenten der Weimarer Republik
Friedrich Ebert (1871–1925) werden
zahlreiche Originaldokumente des
bedeutenden sozialdemokratischen

■ **Völkerkundemuseum.**

ausgewählter Themen Aspekte zu Kunst und Kultur aus verschiedenen Regionen präsentiert. Einzigartig ist die Dauerausstellung im »Asmat-Haus«, die interessante Einblicke in die außergewöhnliche Kultur und Lebenswelt eines Volksstammes in West-Neuguinea gibt. Nicht nur die verschiedenen Ausstellungen sind hochinteressant, auch das Museumsgebäude selbst, das Palais Weimar aus dem frühen 18. Jahrhundert, ist einen Besuch wert.
Hauptstraße 235 (Palais Weimar)
Telefon 2 20 67
Mittwoch–Samstag: 14–18 Uhr, Sonntag und Feiertag 11–18 Uhr, Montag und Dienstag geschlossen
www.voelkerkundemuseum-vpst.de

Politikers gezeigt. Die Beengtheit des ärmlichen Hinterhauses vermittelt auch heute noch gut das Milieu, in dem der zum Sattler ausgebildete Handwerkersohn die ersten 17 Lebensjahre verbrachte. Verschiedene Sonderausstellungen.
Pfaffengasse 18
Telefon 9 10 70
Dienstag–Sonntag 10–18 Uhr
Donnerstag 10–20 Uhr
Montag geschlossen
Eintritt ist frei
www.ebert-gedenkstaette.de

Völkerkundemuseum der J. & E. von Portheim-Stiftung Heidelberg
Die Sammlungen des seit 1924 bestehenden Museums umfassen Kunstwerke und ethnographische Objekte aus den Regionen Asien, Afrika und Ozeanien und in wechselnden Ausstellungen werden anhand

BARS, KNEIPEN, PUBS, MUSIKKNEIPEN IN DER ALTSTADT

Die Universitätsstadt ist auch abends quicklebendig mit jeder Menge unterhaltsamen Treffpunkten für Nachtschwärmer. Dabei gibt es eine große Bandbreite an Clubs und Kneipen für Studierende, Einheimische und Touristen. Immer viel los ist abends in der Unteren Straße sowie in der etwas touristischen Steingasse um die Alte Brücke. Darüber hinaus pulsiert auch in einigen Ecken der Außenbezirke das Nachtleben, wo sich neben vielen Kneipen auch einige Kulturzentren und größere Diskotheken etabliert haben.

Reichsapfel und Lager
Untere Straße 35
Täglich
www.reichsapfel-lager.de

Gemütliche Bar im historischen Ambiente des Gasthofs Reichsapfel in Heidelbergs Kneipenmeile »Untere Straße«. Der Reichsapfel ist Raucherlokal, im Lager bleibt die Luft frisch.

Cave 54

Krämerstraße 2
Dienstag–Samstag
Sonntag und Montag Ruhetag
www.cave54.de
Ein zeitloser Veteran im Heidelberger Nachtleben: Im 1954 gegründeten Studenten-Jazzclub sind Jazzgrößen wie Louis Armstrong, Ella Fitzgerald, Dizzy Gillespie, Oscar Peterson und Lionel Hampton, die alle im Rahmen der Truppenbetreuung in Heidelberger Kasernen zu Gast waren, aufgetreten. Und auch heute noch glänzt das Cave immer wieder mit hervorragenden Live-Konzerten. Ein idealer Ort, um in gemütlicher Atmosphäre gute Musik zu hören.

Destille

Untere Straße 16
Täglich
www.destilleonline.de
Gemütliche Studentenkneipe im Herzen der Altstadt. Bunt gemischtes Publikum zwischen allerlei Kunstobjekten.

Mel's Bar

Heiliggeiststraße 1
Täglich außer Sonntag
www.mels-heidelberg.de
Abwechslungsreiche Musik, nettes Publikum, moderate Preise und gemütliches Ambiente in altem Kellergewölbe.

BARS, KNEIPEN, PUBS, MUSIKKNEIPEN IN NEUENHEIM

Bar d'Aix en Provence

Bergstraße 1
Täglich
Ideal für Nachtschwärmer ab 40, die ab und an Lust verspüren, sich nach Mitternacht noch unter die Leute zu mischen. Gemütliche französische Cafékneipe mit gut gelauntem, freundlichem und niveauvollem Publikum.

BARS, KNEIPEN, PUBS, MUSIKKNEIPEN IN DER WESTSTADT UND IN BERGHEIM

Billy Blues im Ziegler

Bergheimerstraße 1b
Sonntag und Montag Ruhetag
www.billy-blues.de
Häufig Auftritte verschiedener Bands mit Soul, Funk, Rock und natürlich Blues. Mittwoch ist Salsa-Abend, frei-

■ **Destille.**

tags sind öfter 90er-Jahre-Partys und samstags ist Classic House, Electro Funk etc. angesagt.

Havana Restaurant – Cocktailbar-Club

Neckarstaden 24
Täglich
www.havana-heidelberg.de
Karibische Bar in der pittoresken Stadthalle mit Cocktails, Palmen und einem Salsa Club im Keller.

Print Media Lounge

Kurfürstenanlage 60
Täglich
www.printmedialounge.de
Edle Cocktailbar bzw. Bistro mit Restaurant in schick designten, modernen Räumen, großstädtische Atmosphäre, im Sommer großer Außenbereich.

turmBar

Alte Glockengießerei 9
Täglich
www.turmbar-heidelberg.de
Schicke Location in modernem Wohnhausturm über den Dächern der Stadt, Skylounge mit Cocktailbar, auch für private Feiern mietbar und deshalb öfters »geschlossene Gesellschaft«.

DISKOTHEKEN, CLUBS

Musikfabrik Nachtschicht

Bergheimerstraße 147
Donnerstag–Samstag
www.nachtschicht.com
Gemischtes Publikum. Auf 4 Etagen mit 2 Diskotheken in ehemaliger Zigarettenfabrik, regelmäßig Livebands etc. Bar, Bistro und Kino unter einem Dach.

Schwimmbad-Musik-Club

Tiergartenstraße 13
Donnerstag–Samstag
www.schwimmbad-musik-club.de
Legendärer Treff für Tanzwütige mit Live-Konzerten, Dancefloors auf mehreren Stockwerken. Im Sommer Open-Air Disco mit ausgeklügeltem Lichtsystem und vibrierender Tanzfläche.

KINOS IN DER ALTSTADT (AUSWAHL)

Gloria/Gloriette

Hauptstraße 146
Telefon 2 53 19
Programmkino in der Altstadt

Kino im Karlstorbahnhof

Medienforum Heidelberg e.V.
Am Karlstor 1
Telefon 97 89-20
Kommunales Kino im Karlstorbahnhof mit anspruchsvollem Filmprogramm. Der Schwerpunkt liegt auf filmhistorisch wertvollen Filmen sowie aktuellen Filmen aus allen Ländern der Welt. Vor jedem Hauptfilm wird ein Kurzfilm gezeigt.

KINO IN NEUENHEIM

Kamera

Brückenstraße 26
Telefon 40 98 02 oder 58 78 94
Kleines, gemütliches Kino mit eher anspruchsvollen Filmen. Ein Kinosaal.

KULTURZENTREN (AUSWAHL)

**Deutsch Amerikanisches Institut
(DAI) Heidelberg**
Sofienstraße 12
Telefon 6 07 30
www.dai-heidelberg.de
Zahlreiche Einzelvorträge, Vortrags-
reihen, Seminare und Diskussionen
in deutscher und englischer Sprache,
Konzerte, Filme und Ausstellungen.

halle 02
Zollhofgarten 2
Telefon 3 38 99 90
www.halle02.de
Seit 2002 werden in den umgebauten
Lagerhallen des ehemaligen Heidel-
berger Güterbahnhofs Kultur- und
Musikveranstaltungen aller Art ange-
boten. Das Musikprogramm ist sehr
vielseitig. Es gibt Drum'n'Bass, Ragga,
TechHouse, Mestizo, Indie-Pop,
Alternative, HipHop. In der »Kleinen
Halle« daneben finden in »klubbiger«
Atmosphäre verschiedenste Konzerte
und Partys statt. In der neuen Bahn-
stadt kann man Boule oder Beach-
volleyball spielen, im »Garten« im
Liegestuhl in der Sonne dösen und am
Lagerfeuer den Tag ausklingen lassen.
Die Straßenbahnhaltestelle Montpel-
lierbrücke der Linie 26 befindet sich
ganz in der Nähe und vor der Halle
gibt es genügend Parkplätze.

Kulturfenster e.V.
Kirchstraße 16
Telefon 1 37 48-60, Kartentelefon -70
www.kulturfenster.de
Das Kulturfenster ist ein gemeinnüt-
ziger Verein und anerkannter Träger
der freien Jugendpflege, der sich
insbesondere im spiel- und kulturpä-

■ **Allgegenwärtig: Heidelberger
Straßenkunst.**

dagogischen Bereich für Kinder und
Jugendliche sowie in der Bildungsar-
beit und Kulturarbeit für Erwachsene
betätigt. Die angegliederte Klein-
kunstbühne präsentiert von Kabarett
über neues deutsches Chanson bis zu
Weltmusik ein abwechslungsreiches
und vielseitiges Programm.

Kulturhaus Karlstorbahnhof
Am Karlstor 1
Telefon 97 89-11
www.karlstorbahnhof.de
Das Kulturhaus Karlstorbahnhof
existiert seit 1995 und ist damit eines
der jüngsten soziokulturellen Zentren
in Deutschland. Unter seinem Dach
agieren die Vereine kulturcafé, Medienforum, Theaterverein und Eine-
Welt-Zentrum und bieten eine breite
und bunte Programmpalette.

THEATER & BÜHNEN

Theater und Orchester Heidelberg

Städtische Bühne: Alter Saal und Neuer Saal in der Theaterstraße 10, Probebühne Friedrich5 in der Friedrichstraße, andere Veranstaltungsorte unter www.theaterheidelberg.de Theaterkarten: Telefon 5 82 00 00, Zentrale 5 83 50 00 Musiktheater, Konzert, Schauspiel, Tanz, Junges Theater, Philharmonisches Orchester unter einem Dach

Taeter Theater

Bergheimerstraße 147
Telefon 16 33 33
www.taeter-theater.de
Das Repertoire des 1987 von Wolfgang Graczol gegründeten Theaters im Hinterhofmilieu des Landfriedhauses reicht von der Klassik bis hin zu Gegenwartsstücken.

TiKK – Theater im Kulturhaus Karlstorbahnhof

Am Karlstor 1
Telefon 97 89-11
www.karlstorbahnhof.de
Das Kulturhaus Karlstorbahnhof ist Wirkungsort der Vereine kulturcafé, Theaterverein, Eine-Welt-Zentrum und Medienforum. Der Theatersaal bietet Raum für Sprech- und Tanztheater, Vorträge und kleinere Konzerte. Das TiKK zählt mit circa 150 Aufführungen im Jahr zu einer der meistbespielten und beliebtesten Bühnen der Region, wobei großer Wert auf spartenübergreifende Produktionen gelegt wird.

Zimmertheater Heidelberg

Hauptstraße 118
Telefon 2 10 69
www.zimmertheaterheidelberg.de

Das Erfolgsrezept des bereits 1950 gegründeten und weit über die Grenzen Heidelbergs bekannten Privattheaters mit malerischem Hinterhof-Ambiente ist unterhaltsames Theater mit meist zeitgenössischen Stücken. Da das Theater nur über circa 100 Plätze verfügt, empfiehlt sich insbesondere an Wochenenden eine frühe Reservierung.

FAHRRADFAHREN

Das Heidelberger Radwegenetz umfasst rund 120 Kilometer, und mit 30 Prozent ist das Fahrrad in Heidelberg innerstädtisch das am häufigsten genutzte Verkehrsmittel. Zahlreiche Einbahnstraßen sind für den Fahrradverkehr in Gegenrichtung geöffnet.

Fahrradverleih und –zubehör in der Altstadt

Fahrradverleih an der Alten Brücke
Neckarstaden 52
Telefon 6 54 44 60
www.fahrradverleih-heidelberg.de

Fahrradverleih und –zubehör in Bergheim

Radhof Bergheim
Bergheimer Straße 101 und
»Bike im Bahnhof« am Gleis 1b des Hauptbahnhofes
Telefon 6 59 94 52
www.fahrrad-heidelberg.de

Fahrradverleih und –zubehör in Rohrbach

Radolino
Lahrer Straße 24
Telefon 7 27 27 03
www.radolino.de

Fahrradreparatur

Wer in Heidelberg mit dem Fahrrad
unterwegs ist und Probleme mit
seinem Drahtesel bekommt, kann sich
an eines der folgenden Fahrradge-
schäfte mit Reparaturservice wenden:

Fahrradverleih an der Alten Brücke
und **Radhof Bergheim** (siehe oben)

Eldorado die Fahrradschmiede
Felix-Wankel-Straße 1 (Rohrbach)
Telefon 16 67 07
www.eldorado-hd.de

Altavelo
Bergheimer Straße 101 (Bergheim)
Telefon 45 36 49
www.altavelo.de

■ **Zentraler Straßenbahnknoten-
punkt: Bismarckplatz.**

ÖFFENTLICHE VERKEHRSMITTEL: STRASSENBAHNEN, BUSSE UND RUFTAXIS

In Heidelberg besteht der öffentliche
Personennahverkehr aus den S-Bahn-
und Regionalbahnlinien der Deutschen Bahn (S-Bahn RheinNeckar
und DB Regio), den sechs Straßen-
bahn- und zahlreichen Stadtbuslinien
sowie Regional- und Schnellbuslinien.
Darüber hinaus gibt es überregionale
Stadtbusse sowie mehrere Nacht-
buslinien »moonliner«. Alle Linien
können zu einheitlichen Preisen des
Verkehrsverbundes Rhein-Neckar
(VRN) benutzt werden.
Darüber hinaus gibt es zwei Stand-
seilbahnen, die die Altstadt mit dem
Schloss, der Molkenkur und dem
Königstuhl verbinden.
Im Stadtgebiet gibt es überall auch
die Möglichkeit, sich mit Ruftaxis
fortzubewegen. Diese müssen 30 Mi-
nuten vor der gewünschten Abfahrt

telefonisch bei der Taxizentrale
30 20 30 bestellt werden. Es gilt hier-
für einen besonderen Tarif, bei dem
aber Jahres- und Halbjahreskarten
des VRN akzeptiert werden. Inhaber
eines Semestertickets für Studierende
sind ebenfalls von einer Zuzahlung
ausgenommen.
Aktuelle Fahrplan- und Tarifinfor-
mationen: www.vrn.de und www.
rnv-online.de (mit Liniennetzplan).
Fahrkarten gibt es an vielen Stellen in
der Stadt. Eine Liste der Verkaufsstel-
len finden Sie unter www.vrn.de/vrn/
service/kundencenter/verkaufsstellen.
Informationen bekommen Sie auch
im Kundenzentrum des RNV am
Hauptbahnhof, Kurfürsten-Anlage 62,
Telefon 465-44 44.

■ **Neckarschifffahrt.**

TAXIS

Taxizentrale: www.taxizentrale-
heidelberg.de
Auto-Funk-Taxi-Vermittlungs-
Zentrale Heidelberg eG
Im Bosseldorn 9
69126 Heidelberg
Telefon 30 20 30
Frauen-Nachttaxi – über Taxizentrale
www.heidelberg.de/frauennachttaxi

SCHIFFSRUNDFAHRTEN

Rhein-Neckar-Schifffahrt (RNF)
Die Schiffe der Weißen Flotte fahren
zwischen Ostern und Oktober von
Heidelberg neckaraufwärts nach Neckargemünd oder bis Neckarsteinach
und zurück.
Die Fahrten werden mit den Schiffen
»Alt-Heidelberg«, »Europa«, »Germa-
nia«, »Georg Fischer«, »Patria«, »Heidelberg« oder »Schloss-Heidelberg«
durchgeführt, die jeweils auch über
eine Gastronomie verfügen.
Alle Fahrten sind mit Erklärungen in
deutscher, englischer und franzö-

sischer Sprache. Zu den Schlossbe-
leuchtungsterminen werden Sonder-
fahrten angeboten.
www.weisse-flotte-heidelberg.de

FREIBÄDER

Allgemeine Auskünfte über die
aktuellen Öffnungszeiten erhalten Sie
unter: www.heidelberger-schwimm-
baeder.de

Freizeit-Bad Tiergartenstraße
Tiergartenstraße 13
Telefon 513-44 20
Das Bad verfügt über ein Schwimmerbecken (25 x 50 m), ein Nichtschwimmerbecken (25 x 50 m) mit
Kinderrutsche, ein Springerbecken
(15 x 14,50 m) mit verschiedenen
Sprunganlagen (1 Meter, 3 Meter,
5 Meter, 10 Meter) sowie Kinderplanschbecken mit kindgerechtem
Wasserspielbereich. Darüber hinaus
gibt es Wasserrutschen und verschiedene Freizeitangebote im Außenbereich.

Thermalschwimmbad

Vangerowstraße 4
Telefon 513-28 77

Beim Thermalschwimmbad handelt es sich um ein beheiztes Freibad, wobei nur noch der Name an eine früher existierende Thermalquelle erinnert. Das schön angelegte Bad verfügt über ein Becken für Schwimmer (16,6 x 50 m), ein Nichtschwimmerbecken (12,5 x 50 m) mit Kinderrutsche sowie ein Kinderplanschbecken.

HALLENBÄDER

Allgemeine Auskünfte über die aktuellen Öffnungszeiten erhalten Sie unter: www.heidelberger-schwimmbaeder.de

Hallenbad Hasenleiser

Baden-Badener-Straße 14
Telefon 513-28 71

Das Bad besitzt ein Schwimmerbecken (Wassertemp. 27 °C, 12,50 x 25 m) und ein Nichtschwimmerbecken (Wassertemp. 30 °C, 12,50 x 8 m). Darüber hinaus wird regelmäßig Wassergymnastik angeboten und es gibt 2 Saunen.

Hallenbad im Darmstädter-Hof-Centrum

Fahrtgasse 12
Telefon 513-28 73

Das im Stadtzentrum gelegene Bad besitzt ein Schwimmerbecken (12,50 x 25 m) und ein Nichtschwimmerbecken (16,66 x 8 m) sowie Massagedüsen. Schwimmerbecken: 27 °C / Warmbadetag 30 °C / Nicht-

schwimmerbecken: 30 °C. Zahlreiche Fitness-Angebote wie Aquajogging, Aquabiking, Aquajumping.

Hallenbad Köpfel

Stiftweg 32
Telefon 513-28 80

Das Hallenbad Köpfel im Stadtteil Ziegelhausen verfügt über ein Schwimmerbecken (Wassertemp. 27 °C, 12,50 x 25 m), ein Nichtschwimmerbecken (Wassertemp. 30 °C, 12,50 x 8 m) und ist behindertengerecht ausgebaut. Darüber hinaus gibt es hier Massagedüsen, Solarien, eine große Sonnenliegewiese sowie eine Sauna mit Ruheraum.

BALLONFAHRTEN

1 bis 1½ stündige Rundflüge über Heidelberg
Heidelberg Ballon
Telefon 92 22 27
www.heidelberg-ballon.de

STADTFÜHRUNGEN (KLEINE AUSWAHL)

Eventführungen durch Heidelberg

Für Einzelgäste oder Gruppen buchbar unter:
H & B Tour conception Heidelberg
Untere Neckarstraße 68
Telefon 61 63-41 oder -42
www.hb-tour-conception.de

Stadtführungen für Einzelne und Gruppen mit der Historikerin Sigrid Drescher

Telefon 16 52 47
www.heidelberger-stadtfuehrungen.de

Heidelberg Führungen mit Flair
Stadtführungen mit persönlicher
Betreuung durch Isabel Ritter-
Göhringer.
Telefon 78 17 25
www.hd-fuehrungen-mit-flair.de

Segway-Touren
Segway StadtSafari
Obere Neckarstraße 31
Stadtführung, nicht ganz billig, aber
mal ganz anders. Nach einer Einwei-
sung inkl. Erhalten eines Segwayfüh-
rerscheins geht's los …
www.stadtsafari.com/segway-touren/
in-heidelberg
Telefon (06 21) 43 71 54 18 (Zentrale
Mannheim)

TOILETTEN: ÖFFENTLICHE UND »NETTE« TOILETTEN

Aktuelle Informationen siehe:
www.heidelberg.de
C & A, Hauptstraße 67–69
Cocktail-Café Regie, Theaterstraße 2
Destille, Untere Straße 16
Galeria Kaufhof, Bismarckplatz, Berg-
heimer Straße 1
Galeria Kaufhof, Hauptstraße 30
Hahn im Korb, Marktplatz 8
Hotel Zum Seppl, Hauptstraße 213
Konditorei Café Schafheutle, Haupt-
straße 94
Kulturbrauerei, Leyergasse 6
Modehaus Kraus, Hauptstraße 39-43
Palmbräu Gasse, Hauptstraße 185
Strohauer's Café Alt Heidelberg,
Hauptstraße 49
Vetter's – Alt Heidelberger Brauhaus,
Steingasse 9
Zum Goldenen Falken, Haupt-
straße 204

WC-Anlage Theodor-Heuss-Brücke,
Uferstraße (Neuenheim)
WC-Anlage Bismarckplatz Nord
WC-Anlage Theaterplatz
WC-Anlage Tiefgarage P 10, Fried-
rich-Ebert-Platz
WC-Anlage Universitätsplatz
WC-Anlage Alte Brücke Nord
WC-Anlage Schloss Busparkplatz
WC-Anlage Karlstorbahnhof
Tiefgarage P 9, Plöck 48/50
Tiefgarage P 11, Grabengasse 16
Touristeninformation Neckar-
münzplatz

Rollstuhlgerechte Toiletten siehe:
www.heidelberg.huerdenlos.de

BUCHUNGSADRESSEN FÜR HOTELS, PENSIONEN UND PRIVATZIMMER

Heidelberg Marketing GmbH
Zentrale Reservierung
Telefon 5 84 02 26
Fax 5 84 02 22
www.heidelberg-marketing.de
E-Mail reservation@heidelberg-
marketing.de

HERBERGEN, GÄSTEHÄUSER

Lotte – The Backpackers
Burgweg 3
Telefon 7 35 07 25
www.lotte-heidelberg.de
Kleines, charmantes Gästehaus zwischen Altstadt und Schloss mit stilvoll
eingerichteten Zimmern.

■ **Auf Safari durch Heidelberg.**

Steffi's Hostel Heidelberg
Alte Eppelheimer Straße 50
Telefon 7 78 27 72
www.hostelheidelberg.de
Nettes und behagliches Hostel in
der Nähe des Hauptbahnhofes
(Bergheim).

Jugendherberge Heidelberg
Tiergartenstraße 5
Telefon 6 51 19-0
Fax 6 51 19-28
www.heidelberg.jugendherberge-
bw.de
Die im Stadtteil Im Neuenheimer
Feld direkt am Neckar gelegene
moderne Jugendherberge ist umgeben
von Freizeiteinrichtungen wie Zoo,
Botanischem Garten, Freibad sowie
verschiedenen Sportanlagen.

CAMPING

Camping Heidelberg
Dieser Campingplatz ist schön am
Neckar gelegen im Stadtteil Schlier-
bach, circa vier Kilometer von der
»Alten Brücke« entfernt, und ist von
April bis Oktober geöffnet.
Anschrift: Schlierbacher Land-
straße 151, 69118 Heidelberg
Telefon 80 25 06
www.camping-heidelberg.de

Camping Haide
An der Stadtgrenze Heidelberg-Zie-
gelhausen in Richtung Kleingemünd-
Neckargemünd in schöner Lage direkt
am Neckar. Neben den Stellplätzen im
Außenbereich gibt es fünf Blockhäu-
ser mit insgesamt 160 Betten. Für
Gruppen stehen 2 Matratzenlager
für 25 und 45 Personen zur Ver-
fügung. Geöffnet vom 1. April bis
1. November.
Anschrift: Ziegelhäuser Landstraße 91, 69151 Neckargemünd
Telefon (0 62 23) 21 11
www.camping-haide.de

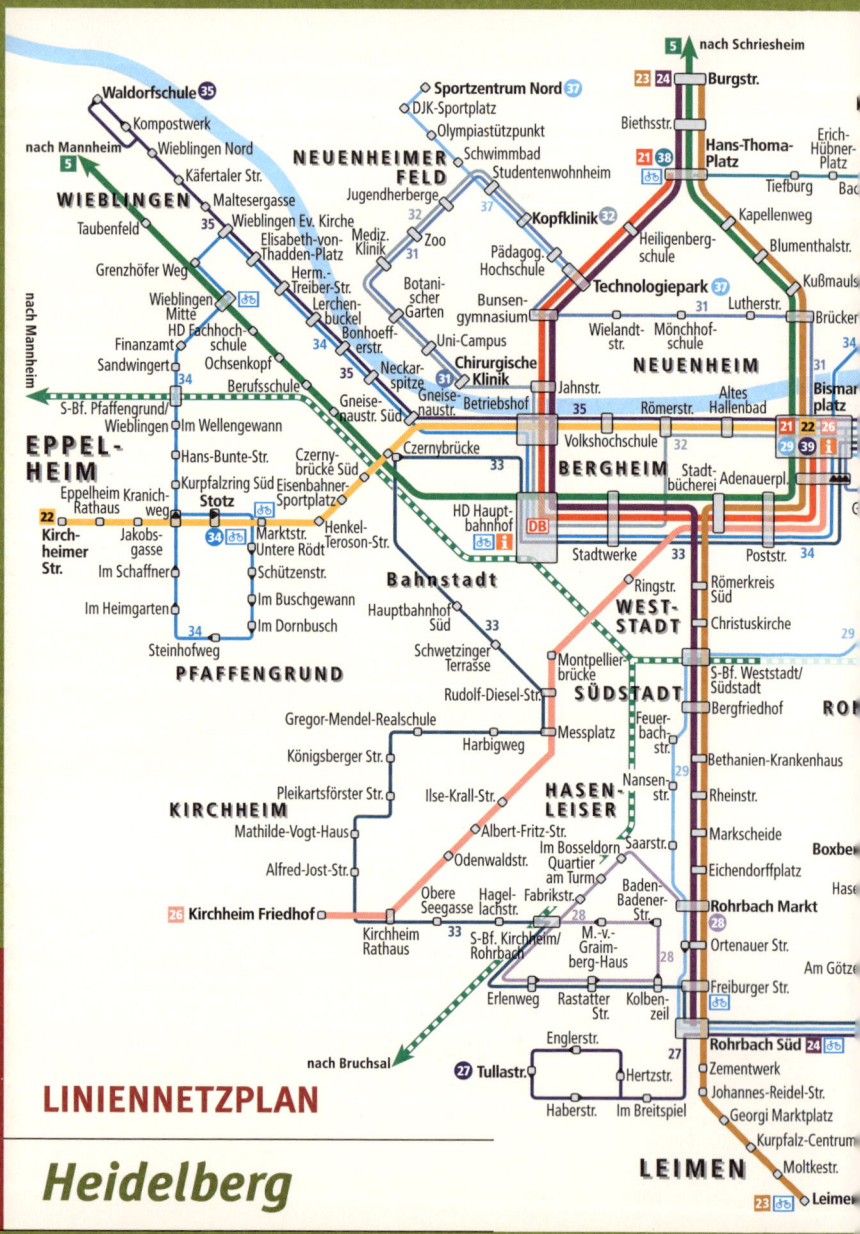

LINIENNETZPLAN

Heidelberg